TOUS LES SECRETS DU GOLF SELON

ARNOLD PALMER

Couverture
- Conception graphique:
  Katherine Sapon
- Photo:
  Mike Lloyd/*The Oregonian*

Maquette intérieure
- Photos:
  Paul C. Burns, Teledyne Vasco Inc., Lester Nehamkin, Zeny Cieslikowski,
  Don Moss, Hank Ketcham, Walt Disney Co., Terry DeGlau, Jeff McBride,
  Studio Frank Christian, Leonard Kamsler et Arnold Palmer Enterprises.

DISTRIBUTEURS EXCLUSIFS:

- Pour le Canada:
  AGENCE DE DISTRIBUTION POPULAIRE INC.*
  955, rue Amherst, Montréal H2L 3K4 (tél.: 514-523-1182)
  Télécopieur: (514) 521-4434
  * Filiale de Sogides Ltée

- Pour la France et l'Afrique:
  INTER FORUM
  13, rue de la Glacière, 75013 Paris (tél.: (1) 43-37-11-80)
  Télécopieur: 43-31-88-15

- Pour la Belgique, le Portugal et les pays de l'Est:
  S. A. VANDER
  Avenue des Volontaires, 321, 1150 Bruxelles
  (tél.: (32-2) 762.98.04)
  Télécopieur: (2) 762-06.62

- Pour la Suisse:
  TRANSAT S.A.
  Route des Jeunes, 19, C.P. 125, 1211 Genève 26
  (tél.: (22) 42.77.40)

TOUS LES SECRETS DU GOLF SELON

ARNOLD PALMER

**Traduit de l'américain
par Jacques Vaillancourt**

LES ÉDITIONS DE L'HOMME

Données de catalogage avant publication (Canada)

Palmer, Arnold, 1929 –

   Tous les secrets du golf selon Arnold Palmer

   Traduction de: Play great golf.

   ISBN 2-6719-0813-9

   1. Golf. I. Titre.

GV965.P3514   1989   796.352'3   C89-096148-4

Édition originale: *Play Great Golf*
Doubleday & Company, Inc.
(ISBN: 0-385-24301-4)
©1987, Arnold Palmer Enterprises, Inc.

© 1989, Les Éditions de l'Homme,
Division de Sogides Ltée
Pour la traduction française

Bibliothèque nationale du Québec
Dépôt légal — 1er trimestre 1989

ISBN 2-7619-0813-9

À tous les golfeurs insatisfaits...

Remerciements

Un livre qui ne serait pas le produit des efforts de nombreuses personnes ne vaudrait pas grand-chose. Par conséquent, ce sont elles que je remercie de m'avoir aidé à mener cet ouvrage jusque chez le libraire. Je suis particulièrement reconnaissant à Ken Van Kampen, de *Golf Magazine*, et à mon vieil ami Desmond Tolhurst de leur contribution éditoriale; à Leonard Kamsler, vétéran de la photographie de golf, des nouvelles photos pédagogiques; à Dom Lupo, vétéran de l'illustration de golf, de ses merveilleux dessins; à Michael Lloyd, du *The Oregonian* (Portland), de la photo de la jaquette; ainsi qu'envers Angela Miller et David Gibbons, des éditions IMG Publishing, qui ont supervisé le projet. Je me suis aussi fié aux conseils et à l'expérience de trois associés de longue date: Alastair Johnston, Bev Norwood et Doc Giffin.

ARNOLD PALMER.

Introduction

Un seul objectif a inspiré ce livre: vous aider à jouer du bon golf. Je vous décrirai ici les cinq principes fondamentaux de l'élan et vous expliquerai la manière de les exécuter. Je vous dirai aussi comment améliorer votre marque en perfectionnant les coups nécessaires près du vert et comment vous préparer mentalement à frapper vos meilleurs coups. Nous parlerons aussi de la planification d'une stratégie de jeu qui convienne à *vos* aptitudes et des moyens de tirer le maximum de vos séances d'entraînement.

Si vous apprenez mes méthodes et les mettez en pratique, vous pourrez éliminer jusqu'à quinze coups de votre handicap, même si votre capacité athlétique est limitée.

Trop beau pour être vrai? Non, je ne crois pas. Tout golfeur peut obtenir une marque dans les quatre-vingts. Nombreux sont ceux qui peuvent obtenir dans les soixante-dix, à condition de prendre le temps d'assimiler les principes fondamentaux du golf.

«Évidemment, pensez-vous, il s'agit sans doute d'une autre de ces analyses exhaustives, profondes et incompréhensibles de l'élan. Je ferais aussi bien de m'arrêter ici. Je ne pourrai jamais comprendre ces principes et encore moins les appliquer.»

Vous avez tort. N'abandonnez pas; poursuivez plutôt votre lecture.

Je ne prétends pas que le golf soit un jeu simple; quiconque a tenté d'y jouer sait que c'est faux. Ce que je dis, c'est que le fait de perfectionner et de mettre en application quelques-unes de mes simples techniques rendra le jeu beaucoup plus facile.

Les principes du golf sont d'ailleurs très simples, contrairement à ce que laissent entendre toutes les théories complexes qui se sont multipliées. Mais, si simples soient les éléments de base, exceller au golf nécessite quand même beaucoup de travail. S'il faut passer pas mal de temps sur le terrain d'entraînement, vous conviendrez néanmoins que cela en vaut vraiment la peine.

Je suis conscient que mon point de vue est minoritaire, surtout de nos jours où même les ordinateurs sont appelés à analyser et à critiquer l'élan du golf. Demandez à l'un ou l'autre de vos partenaires de golf de vous expliquer sa théorie de l'élan ou lisez n'importe quel autre manuel de golf et vous serez probablement déconcerté, avant d'être totalement découragé. Vous y découvrirez des analyses complexes sur presque tous les mouvements du corps, du début de l'amorcé jusqu'à la fin du prolongé. Souvent contradictoires, ces théories laissent le joueur perplexe.

Il est généralement reconnu que le golf est un jeu complexe, difficile et fondamentalement frustrant.

Ce n'est pas mon avis. Pour moi, jouer du bon golf, c'est comme faire un voyage en automobile. En premier lieu, on apprend à conduire le véhicule. Ensuite, on choisit la route la plus facile pour arriver à destination. Je suis persuadé que tout comme la plupart d'entre nous ont réussi à apprendre à bien conduire une voiture, la plupart d'entre nous parviendront à apprendre à décocher une balle de golf. Frappez toujours correctement la balle, adoptez «une» méthode sur le terrain et vous jouerez du bon golf.

Cela ne semble pas trop difficile et, en fait, ce ne l'est pas.

Ce livre jette un nouvel éclairage sur le jeu du golf. Il le présente sous une forme si simple et si élémentaire qu'elle semblera sans doute singulière à beaucoup de golfeurs, surtout à ceux qui ont lu et rejeté d'autres manuels sur le sujet. Si vous acceptez de faire l'effort d'évaluer soigneusement mon approche, je crois vraiment qu'elle vous aidera à développer une attitude entièrement nouvelle en ce qui concerne votre jeu. En combinant cette approche à votre bon vieux travail, vous pourrez réduire votre marque au-delà de tous vos espoirs.

Ma vision du golf n'est pas le résultat de nombreuses années de jeu et d'entraînement. Elle est fondée sur les principes simples que m'a enseignés mon père, Deacon Palmer, qui était pro principal et chargé de l'entretien du parcours au club de loisirs de Latrobe, en Pennsylvanie occidentale, où j'ai grandi.

Papa était persuadé qu'il fallait éviter de compliquer ce jeu qui devait, au contraire, rester aussi simple que possible: selon lui, si un joueur arrivait à perfectionner certaines techniques de base, son élan et tout son jeu se développeraient alors de façon naturelle.

Toutefois, mon père a toujours mis l'accent sur l'entraînement. À son avis, la lecture ou la simple observation peut enseigner au *cerveau* les principes de base du golf, mais c'est l'entraînement qui enseigne au *corps* ce qu'ils sont en fait. Il était le premier à faire remarquer que rien, pas même un livre écrit par son fils, ne pouvait remplacer une sortie sur le terrain et les coups d'entraînement. C'est comme cela que j'ai appris; c'est comme cela que vous devriez apprendre vous aussi.

Poursuivez donc votre lecture. Si vous êtes pris du désir ardent de jouer du bon golf et si vous voulez bien travailler votre jeu, vous découvrirez les secrets que j'ai appris de mon père il y a des années. Vous verrez que jouer du bon golf est moins difficile qu'il n'y paraît et que ce jeu pourra vous apporter toute votre vie des joies incomparables, lorsque vous aurez compris à quel point il est facile.

Avec mon père, Deacon Palmer, au club de loisirs de Latrobe, au début des années 60.

PREMIÈRE PARTIE

LES CINQ ÉLÉMENTS DE BASE

Il semble que tout ait été dit et écrit à propos de l'élan au golf: comment frapper la balle pour qu'elle se rende plus loin ou qu'elle se déplace en ligne droite; comment diagnostiquer ce qui ne va pas dans l'élan et comment le corriger; comment mettre au point l'élan parfait. Pour être nombreuses, les théories n'en sont pas pour autant unanimes sur ce que serait l'élan dit parfait et divergent encore plus quant à la façon de l'enseigner ou de l'apprendre.

Les golfeurs lisent des manuels, prennent des leçons, regardent des vidéos et fréquentent des écoles de golf, c'est un fait; pourtant leurs efforts ne se traduisent pas forcément par une nette amélioration de leur jeu. La plupart restent insatisfaits de leur façon de frapper la balle et de leur marque et ne jouent jamais en utilisant toutes leurs possibilités.

Généralement, mes partenaires dans les omniums sont facilement désarçonnés, voire frustrés, par la théorie de l'élan ou par son exécution. Ce malaise est dû en grande partie au fait qu'on leur a enseigné toutes sortes de théories contradictoires. Je vois des golfeurs rester figés un long moment durant la visée, alors que des douzaines de façons de frapper la balle leur traversent l'esprit. Généralement, le coup qu'ils frappent ensuite ne valait pas une si longue attente.

QUEL EST LE SECRET?

Demandez à dix golfeurs amateurs le secret de l'élan et vous obtiendrez sans doute dix réponses différentes, toutes incorrectes, la plupart contradictoires.

Voici un échantillon des questions qui m'ont été posées par mes partenaires d'omnium. Elles illustrent bien l'incertitude généralisée qui règne parmi les golfeurs au sujet de l'élan:

- Quelle est la forme correcte de l'élan, vertical ou à plat?
- Dans quelle mesure le corps du golfeur doit-il tourner durant l'élan?
- Comment faire agir le poids de mon corps sur la balle?
- Comment et jusqu'à quel point relâcher les poignets au cours de l'élan descendant?
- L'élan bien exécuté courbe-t-il ou adoucit-il la trajectoire de la balle?

Il existe sans doute autant de questions qu'il y a de golfeurs. Dans cet ouvrage, je veux vous montrer que les questions de ce type non seulement n'ont rien à voir avec la mise au point d'un bon élan, mais peuvent lui nuire.

Se préoccuper de décomposer l'élan ne peut qu'en gêner le mouvement. Un bon élan au golf dure moins d'une seconde et demie: pas assez longtemps, donc, pour penser à des douzaines de points à respecter.

L'ÉLAN EST UN TOUT

Il faut considérer l'élan comme un *tout*. Pour en arriver à un mouvement global d'élan, il faut maîtriser les quelques éléments simples qui le composent. Quand vous les aurez compris et mis en pratique, l'élan se produira de façon naturelle et automatique, sans effort conscient de votre part.

L'élan juste que tous les golfeurs devraient essayer de reproduire n'existe pas. En fait, le mythe de l'«élan parfait» ne fait qu'empêcher un grand nombre de sportifs de jouer du bon golf.

À chaque golfeur son élan. Vous connaissez probablement deux joueurs qui frappent bien la balle, alors que l'élan de l'un ne ressemble en rien à celui de l'autre. C'est ainsi que les bons élans, s'ils ont des dénominateurs communs, peuvent varier sensiblement.

Si vous ne me croyez pas encore, observez l'élan de certains de ceux qui sont ou ont été les champions de la P.G.A. *(Professionnal Golfers Association)*. Comparez Jack Nicklaus, Lee Trevino et Johnny Miller. L'élan de chacun est bien particulier mais ils sont tous aussi efficaces les uns que les autres. Ces grands professionnels jouent de manière très différente:

la rotation de leur corps, leurs mouvements de poignets, les trajectoires de leurs balles, sont autant de variables; toutefois, ne produisent-ils pas tous trois les coups qui font les grands jeux? Que les tenants de la théorie de l'«élan parfait» expliquent cela, s'ils le peuvent.

Si ces élans qui diffèrent tant en apparence ont produit des résultats si spectaculaires, c'est en raison des éléments qui servent de base à tout bon élan au golf, éléments que m'a enseignés mon père. Paradoxalement, il arrive souvent qu'on les ignore, trop occupé que l'on est à rechercher l'élan parfait. Bien que la plupart des golfeurs croient en la nécessité d'une technique uniforme, ils négligent souvent les éléments mêmes qui sont communs à tous les bons élans.

LES CINQ ÉLÉMENTS DE BASE

Voici les cinq éléments communs à tous les bons élans. Essayez de les intégrer à votre propre élan:

La prise: manière de saisir la poignée du bâton. Il n'en existe qu'une qui soit bonne, sans laquelle il est impossible de bien jouer au golf.

La visée: position initiale d'ensemble (des pieds, du corps en équilibre, du bâton et de la balle) avant la frappe.

L'amorcé: trajectoire du bâton et des bras durant la phase initiale de l'élan.

L'immobilité de la tête: position de la tête durant l'élan.

L'accélération: augmentation de la vitesse de la tête du bâton de golf se déplaçant vers la balle.

On ne peut trop souligner l'importance de ces cinq éléments. Si vous les travaillez chacun, le reste de l'élan viendra tout seul. Votre élan personnel se développera automatiquement, selon vos aptitudes physiques, votre âge, votre physique et votre style de jeu. À un moment donné les résultats de ce travail se feront sentir dans votre jeu. Vous aurez davantage de plaisir à frapper la balle parce que vous l'enverrez là où vous voulez qu'elle se rende, la décocherez avec la puissance maximum. Efforcez-vous donc d'oublier dès maintenant toutes les questions et théories techniques qui font les délices des joueurs analytiques.

Je crois fermement que si tous les golfeurs sérieux consentaient temps et efforts à apprendre parfaitement ces cinq éléments de base de l'élan, personne ne dépasserait la marque de 90.

Vous en doutez encore? Relevez mon défi: consacrez au golf le temps et les efforts nécessaires pour vérifier si j'ai raison. Le jour viendra où, en réfléchissant au passé, vous vous féliciterez de l'avoir fait. Je sais que j'ai raison.

Avant de commencer à vous expliquer comment attaquer les cinq éléments de base, je veux ajouter un dernier mot pour détruire le mythe de l'«élan parfait». Depuis que j'ai commencé à jouer au golf dans le circuit de la P.G.A., les journalistes et les commentateurs sportifs spécialisés en golf ont toujours avancé, chacun à son tour, que mon élan était «peu orthodoxe», «étrange», ou tout simplement incorrect. Ils prétendent que de ce fait les joueurs moyens ne peuvent rien apprendre de mon style de jeu et que j'ai une mauvaise influence sur ceux qui jouent au golf pour s'amuser.

Je ne suis pas d'accord avec eux. Je n'ai aucune intention de vous montrer comment copier mon élan — geste par geste —, ce serait contraire à ma pédagogie. Mon but est de vous donner la base à partir de laquelle vous pourrez mettre au point votre propre élan. Rien d'autre.

Commencez donc à lire les pages qui suivent et lancez-vous. Plus tôt vous commencerez, plus vite vous finirez.

Et quand vous aurez fini, il est probable que votre élan ne ressemblera pas exactement au mien. Toutefois, je peux vous assurer qu'il sera tout aussi efficace.

1
La prise

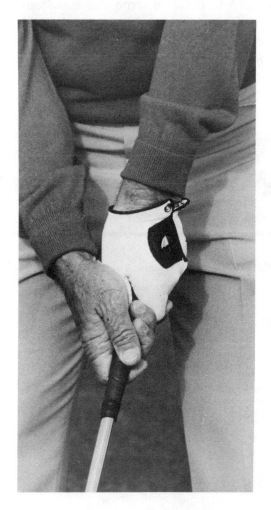

Nous allons commençer par vous apprendre à tenir le bâton correctement. La prise constitue le premier des cinq éléments de base de l'élan. Pour bien jouer au golf, une bonne prise est essentielle.

Mon père m'a montré la manière de saisir la poignée du bâton quand j'avais trois ans. Depuis, je n'ai jamais modifié ma prise. Avec une bonne prise, vos deux mains travailleront de concert, et vous pourrez donner à vos poignets le mouvement qui convient et garantir le contact direct du bâton sur la balle. La prise vous assure la maîtrise du bâton, tout en laissant vos muscles libres et détendus, prêts à effectuer un bon élan. Le fait est que, sans une prise adéquate, il est plus que probable que vous serez incapable de bien aligner la tête du bâton avec la balle, même si votre élan est bon.

Avec une mauvaise prise, vos mains se nuiront l'une à l'autre durant l'élan. Un mouvement exagéré des poignets rend le coup capricieux: soit vous aurez perdu le contrôle du bâton, soit vous l'aurez serré si fort que vous aurez réduit la vitesse et la puissance du mouvement de sa tête.

La mauvaise prise du bâton compte parmi les défauts les plus courants observés chez les golfeurs qui ne jouent que le week-end. Le fait que la plupart des joueurs passent leur vie de golfeurs sans jamais tenir un bâton correctement m'étonnera toujours. À mon avis, seulement deux joueurs sur cent tiennent leur bâton correctement.

Si vous faites partie de cette infime minorité, vous êtes déjà maître de ce premier élément. Mais c'est peu probable. Je vous invite donc à lire attentivement le présent chapitre.

Tout d'abord, ne vous inquiétez pas si votre prise doit être améliorée. Vous n'êtes pas seul dans ce cas. Ensuite, décidez que vous allez mettre au point une bonne prise et l'adopter sans faillir. Ce sera difficile au début, car la bonne prise ne vous semblera pas naturelle. Ce qui est naturel, c'est de vouloir empoigner le bâton de golf comme s'il s'agissait d'un bâton de base-ball, d'un balai ou de la poignée d'une valise. *Mais c'est incorrect*. S'il fallait donner une image, nous dirions que la prise du bâton ressemble un peu à une prise de revers à deux mains au tennis.

Comme pour le revers au tennis, une bonne prise au golf exige qu'une partie de la paume des deux mains s'appuie sur le *dessus* du bâton, interdisant ainsi aux mains de glisser sur les côtés et de se faire face. Cette position permet aux mains de travailler de concert durant tout l'élan. Même s'il existe plusieurs types de prises au golf, ce principe s'applique à toutes et demeure essentiel pour assurer la solidité de l'impact.

Pour ma part, je recours à la prise superposée, aussi appelée prise de Vardon, du nom du grand champion anglais du début du siècle: Harry Vardon. J'ai commencé à tenir le bâton avec cette prise et je me suis toujours senti à l'aise en l'utilisant.

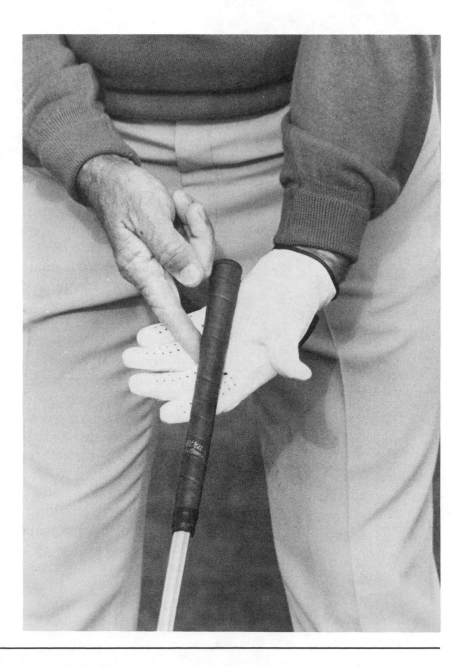

Ouvrez la main gauche et posez le bâton obliquement sur la paume.

COMMENT SAISIR LE BÂTON

Pour la prise superposée, commencez avec la main gauche. Ouvrez-la et posez le bâton en oblique sur la paume gauche, de sorte que le manche passe par le milieu de l'index et que le bout du manche arrive exactement à droite du talon de la paume. Le bâton est bien positionné quand vous pouvez en envelopper le dessus avec le talon et une partie de la paume, de sorte que le pouce pointe directement vers le bas du manche.

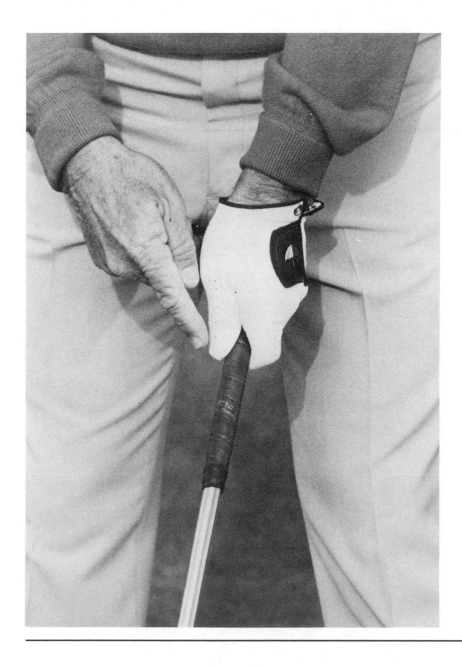

Enveloppez le dessus du bâton avec l'éminence musculaire formant le talon de la paume et avec une partie de la paume, de sorte que le pouce pointe directement vers le bas du bâton.

Cette position vous semble étrange? Si c'est le cas, persévérez et veillez à ne pas laisser le talon de la paume glisser vers le côté gauche, comme cela se produirait avec un bâton de base-ball. Gardez la main bien ancrée sur le *dessus* du bâton, comme pour la prise de revers au tennis. De même qu'au tennis, cette prise ne vous semblera pas naturelle tant que vous ne l'aurez pas maîtrisée. Une fois que vous y serez parvenu, vous vous demanderez comment vous avez jamais pu tenir le bâton d'une autre façon.

Maintenant la main droite. Placez-la tout d'abord sur le bâton, juste sous la main gauche, en couvrant le pouce gauche avec le creux formé sous la racine du pouce droit.

Passez ensuite les doigts autour de la poignée du bâton, par le dessous, en plaçant l'auriculaire droit dans la vallée formée par l'index et le majeur gauches.

Votre prise est maintenant correcte.

Le revers de la main gauche doit faire face à l'objectif.

Passez les doigts de la main droite autour du manche, par le dessous, en couvrant le pouce gauche avec le creux formé sous la racine du pouce droit.

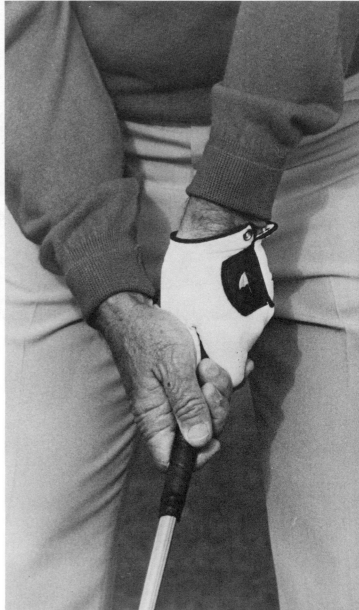

Faites tourner les mains l'une vers l'autre en haut du bâton, de sorte que les paumes, en position de midi, exercent une pression vers le bas.

Veillez à ce que les mains soient bien collées l'une à l'autre pour qu'elles agissent de concert durant l'élan.

J'insiste pour que vous fassiez particulièrement attention à une ou deux choses.

Premièrement, remarquez que vous tenez surtout le bâton avec les trois derniers doigts de la main gauche et les deux doigts du milieu de la main droite. Les premières phalanges de ces doigts (celles qui sont situées le plus près de la paume) se trouvent *en dessous* du manche, ce qui permet au bâton d'y reposer parfaitement et d'être entouré par vos doigts.

Les doigts doivent entourer le bâton qui repose parfaitement sur les premières phalanges.

Le bâton est surtout tenu par les trois derniers doigts de la main gauche.

Laissez le majeur et l'annulaire droits exercer le plus de pression.

Deuxièmement, observez la façon dont les deux mains sont tournées l'une vers l'autre, de sorte que les deux paumes exercent une pression vers le bas, à partir de la position de midi. *La poignée du bâton est équilibrée entre les paumes, en dessus, qui poussent vers le bas et les doigts, en dessous, qui poussent vers le haut.*

La prise superposée (Vardon): posez l'auriculaire droit dans le creux formé par l'index et le majeur gauches.

La prise entrecroisée: faites un crochet avec l'index gauche et l'auriculaire droit.

La prise juxtaposée: alignez les dix doigts sur le manche du bâton, l'index gauche collé contre l'auriculaire droit.

Si poser l'auriculaire droit sur la main gauche vous gêne, essayez l'une des deux autres prises les plus courantes: la prise entrecroisée, où vous unirez vos mains au moyen des crochets formés par l'index gauche et l'auriculaire droit, et la prise juxtaposée, où vous alignerez vos dix doigts sur le bâton, l'index gauche collé *contre* l'auriculaire droit.

Choisissez le type de prise que vous préférez ou qui vous semble le plus naturel, pourvu que vous placiez la paume de vos mains sur le dessus du bâton.

LES POSITIONS FAIBLE, NEUTRE ET FORTE DE LA PRISE

Quand on parle de «position de la prise», on fait allusion à la position des mains sur le bâton. Cette position est très importante pour que la tête du bâton frappe bien la balle de face. Si, au moment de l'impact, vos mains ne reviennent pas à la position qu'elles occupaient lors de la visée, la face du bâton ne frappera pas directement la balle et vos coups ne seront pas rectilignes.

Pour déterminer la position de vos mains, observez le V formé par le pouce et l'index gauches, après que la main gauche a été placée sur le bâton. Si le V pointe vers votre menton, votre position est *faible*. S'il pointe vers l'épaule droite, votre position est *neutre*. Enfin, s'il pointe plus à droite que l'épaule droite, votre position est *forte*.

Je vous recommande de commencer par la position neutre et de vérifier la direction de vos coups. Si vos balles décrivent une courbe de gauche à droite, c'est que la face du bâton ne les frappe pas à angle droit. Essayez de tourner graduellement les *deux* mains vers la droite, pour trouver une position plus forte, jusqu'à ce que la trajectoire de vos balles se redresse.

Si, en position neutre, vos balles décrivent une courbe de droite à gauche, c'est que vous fermez l'angle de la face du bâton lors de l'impact; vous devez donc affaiblir votre position. Faites tourner graduellement les *deux* mains vers la gauche jusqu'à ce que la trajectoire de vos balles se redresse.

Les joueurs qui ont peu de force ont souvent tout intérêt à adopter une position plus forte parce que celle-ci place les pouces derrière le manche du bâton durant l'élan descendant, ce qui permet un meilleur effet de levier et une action plus forte des mains au moment de l'impact.

Les joueurs plus forts, dont les mains sont aussi plus fortes, préféreront probablement la position faible, puisqu'ils n'éprouvent généralement aucune difficulté à augmenter la vitesse de la tête du bâton et à lui transmettre la puissance de leurs mains lors de l'impact.

Expérimentez les diverses positions de prise pour trouver celle qui vous convient le mieux.

LE TRAVAIL DES POIGNETS

Bien prendre le bâton équilibre les poignets et leur permet de plier de façon automatique et contrôlée durant l'élan. Contrairement à ce qui est recommandé au base-ball, où les poignets plient plus souvent au cours de l'élan du fait que les paumes se font face, au golf, un mouvement exagéré des poignets n'est pas souhaitable. Les poignets «indisciplinés» font décrire au bâton une trajectoire incorrecte, empêchant ainsi la face du bâton de frapper directement la balle. Il en résulte de nombreux coups ratés.

Au golf, au cours de l'élan, les mains et les épaules travaillent plus que les poignets. Au base-ball, c'est exactement le contraire: l'action puissante et rapide des poignets sur le bâton est essentielle à la frappe. Si vous y réfléchissez, vous vous rendrez compte de la logique inhérente à tout cela. Au golf, le contact avec la balle doit être beaucoup plus précis qu'au base-ball, parce que la justesse du tir y est beaucoup plus importante.

Sur un terrain de base-ball, on peut frapper la balle dans maintes directions et obtenir de bons résultats: on peut la frapper droit devant soi vers le centre, ou vers le champ gauche, ou vers le champ droit, vers le sol ou dans les airs, selon une trajectoire longue ou courte.

Cependant, pour obtenir une bonne marque sur un terrain de golf, il faut être précis, et ce en termes de distance et de direction. La face du bâton doit toujours frapper la balle de plein fouet pour que celle-ci s'élève dans les airs et suive la trajectoire voulue. Parce que le golf exige cette précision, la marge d'erreur quant au mouvement des poignets est faible. Rappelez-vous qu'une bonne prise du bâton commande les poignets et en empêche le mouvement excessif qui nuirait au contrôle de la balle.

Il est probable que vous trouverez la bonne prise plutôt malaisée au début. C'est naturel et... révélateur: votre ancienne prise était tout à fait différente, donc loin d'être bonne. Je ne répéterai jamais assez à quel point il est important de s'appliquer à utiliser la bonne prise. Vous vous y habituerez en peu de temps et, alors, vous vous demanderez comment vous avez jamais pu tenir le bâton d'une autre manière.

La bonne prise vous paraîtra encore plus aisée quand vous aurez commencé à frapper coup après coup des balles longues et rectilignes.

Je vous le garantis.

2
La visée

Maintenant que vous avez acquis la bonne prise, il vous faut passer au deuxième des cinq éléments de base: la visée. Il s'agit ici de la position à adopter avant l'élan. La visée, dirons-nous, ce sont les préparatifs d'un bon élan. La visée concerne les parties du corps dont il faudra tenir compte pour exécuter un bon élan: la tête, les épaules, les mains, les hanches et les pieds.

La visée est une position de départ, un peu comme celle du joueur de base-ball qui attend le lancer, ou celle du joueur de tennis qui attend le service. Durant la visée, alors qu'il se prépare à effectuer un élan fluide, mais contrôlé, visant à lancer le bâton à travers la balle, le golfeur éprouve une sensation qui tient autant de la détente que de la tension.

Deux sous-éléments constituent la position de visée: la posture et l'alignement. Commençons par la posture.

LA POSTURE

La posture concerne la position du corps par rapport à la balle et à la répartition du poids.

En commençant sans bâton, essayez d'adopter la bonne posture. Premièrement, écartez les jambes de sorte que la distance entre les pieds soit à peu près égale à la largeur des épaules; les pieds doivent reposer bien à plat sur le sol. Répartissez également votre poids sur les deux pieds, et autant sur les talons que sur les orteils. Fléchissez légèrement les genoux et projetez légèrement le haut du corps vers l'avant, en pliant le corps au niveau de la taille. Gardez le dos droit et sortez le fessier, de sorte que vos bras pendent librement, droit vers le sol.

Vous devriez vous sentir comme fermement enraciné dans le sol. Vous devriez en fait être suffisamment stable pour mettre en échec quiconque vous pousserait dans le but de vous déséquilibrer. Ce pourrait d'ailleurs être un excellent moyen de découvrir si oui ou non votre posture *est* correcte.

Au cours de la visée, la posture est essentielle au bon élan. Fléchissez légèrement les genoux et penchez-vous légèrement vers l'avant, en gardant le dos droit et en laissant pendre les bras librement.

L'ALIGNEMENT

Maintenant que vous êtes bien en équilibre, vous pouvez travailler votre alignement. Alors que la posture concernait la position verticale du corps, de la tête aux pieds, l'alignement, lui, concerne l'orientation des lignes horizontales du corps — lignes des épaules, des hanches, des genoux et des pieds — au cours de la visée.

Les lignes formées par les deux épaules, les deux hanches, les deux genoux et les deux pieds devraient être pa-

Pour apprendre correctement la visée, mieux vaut commencer en adoptant une position bien alignée, les lignes des pieds, des hanches et des épaules parallèles à la droite imaginaire reliant la
balle et la cible.

rallèles à la droite imaginaire reliant la balle et la cible. Il s'agit de faire comme le joueur de basket qui se place par rapport au panier ou le quilleur qui place ses épaules à angle droit avec l'allée.

Vous êtes maintenant prêt à saisir le bâton et à coordonner tout ce qui vient d'être expliqué. Prenez un décocheur (un bois n° 1) et essayez la prise que vous venez d'étudier. Écartez les pieds et recherchez un bon équilibre: répartissez également votre poids sur vos deux pieds en passant de l'un à l'autre, d'avant en arrière. Ensuite, fléchissez légèrement les genoux et penchez-vous tout aussi légèrement vers l'avant, de sorte que vos bras pendent librement, sans que vous les étiriez vers l'avant. Les mains sont un peu en avant de la tête du bâton. La balle doit être face au talon gauche, où elle se trouvera toujours, quel que soit le bâton utilisé. Choisissez une cible imaginaire et vérifiez si hanches, épaules et pieds sont bien parallèles à la droite qui relierait la balle et cette cible. Assurez-vous aussi que la face du bâton est perpendiculaire à cette droite.

Vous sentez-vous détendu, prêt à frapper? Alors, bravo! Vous avez réussi à maîtriser la juste position de visée, celle qui est la plus propice aux bons élans.

On ne peut surestimer l'importance de la visée. La bonne posture permet le transfert du poids, en vue d'une puissance maximum et d'un plan d'élan approprié. Le bon alignement garantit une trajectoire correcte du bâton, en vue de coups solides et rectilignes. Mais vous n'aurez nullement à vous inquiéter de tout cela: quand la bonne position de visée sera combinée aux quatre autres éléments de base, le plan et la trajectoire de l'élan ne présenteront plus aucune difficulté. Vous saurez que vous êtes sur la bonne voie, parce que votre balle volera loin et en ligne droite.

3
L'amorcé

L'apprentissage des cinq éléments de base permet à chaque golfeur de développer naturellement un élan qui lui est propre, tout en étant efficace.

L'amorcé est, parmi ces éléments, celui qui touche le plus directement le mouvement même de l'élan. Il est le début de l'élan arrière, plus précisément, le mouvement par lequel le bâton parcourra les deux premiers tiers de mètre en s'éloignant de la balle.

L'amorcé est la partie cruciale de l'élan. S'il est bien fait, vous *ne pourrez pas* effectuer un mauvais élan. La réussite de la fin de l'élan ascendant ainsi que celle de l'élan descendant ira de soi. C'est aussi simple que cela.

COMMENCEZ PAR UN MOUVEMENT CONTINU

Ce qui est encore plus simple, c'est de bien préparer un amorcé. Il suffit de ramener le bâton vers l'arrière dans un mouvement fluide de sorte que la droite reliant la tête du bâton et l'épaule gauche ne se brise pas au cours des soixante premiers centimètres que parcourt la tête du bâton en s'éloignant de la balle.

Cela ne signifie pas que bras et poignets doivent rester raides. Ils doivent simplement rester rigides, sans plier. Une fois atteinte la fin de l'amorcé, laissez vos bras suivre leur trajectoire naturelle. Ne vous préoccupez pas de la flexion des poignets, de la rotation du corps, de la trajectoire de la tête du bâton ou du plan de l'élan. Toutes ces choses se régleront d'elles-mêmes. Si vous gardez le côté droit détendu au cours du mouvement vers l'arrière, et le côté gauche relativement raide, votre bras droit se pliera automatiquement et pointera vers le sol. N'entravez pas ce mouvement mécanique, et votre élan sera naturellement correct; votre bâton se placera en position solide en fin de mouvement ascendant et le manche du bâton sera alors parallèle à la droite imaginaire reliant la balle et la cible.

Faites de l'amorcé un mouvement continu, en maintenant droite la ligne imaginaire reliant la tête du bâton et l'épaule gauche pendant que vous éloignez de la balle la tête du bâton en ligne droite.

Vous obtiendrez automatiquement un bon élan ascendant si vous adoptez la juste position de visée et effectuez correctement l'amorcé.

Une fois la tête du bâton à mi-chemin vers l'arrière, déplacez votre poids vers l'intérieur du pied droit; les mains et les bras se déplaceront en suivant naturellement une trajectoire intérieure, ramenant ainsi le bâton sur une trajectoire solide légèrement intérieure.

En fin de mouvement ascendant, le coude droit se sera replié et pointera vers le sol, les épaules auront tourné, les bras et les mains auront placé le bâton dans une bonne position élevée.

Si vous exécutez un bon élan ascendant, l'élan descendant s'ensuivra presque automatiquement. Déplacez votre poids vers la gauche, laissez bras et épaules se dérouler et lancez la tête du bâton directement sur la balle.

Continuez l'élan de sorte que le bâton poursuive sa course même après avoir frappé la balle. Votre corps devra rester derrière la balle.

Une bonne fin d'élan résultera naturellement d'un bon élan descendant: le poids reposera sur le pied gauche, la poitrine fera face à un point situé à gauche de la cible et les mains seront placées haut au-dessus de l'épaule gauche.

Commencer par un mouvement rapide et sec réduit les chances de faire un bon amorcé. Je ne crois pas que l'élan doive être rythmé pour être efficace si le golfeur maîtrise les cinq éléments fondamentaux. Le meilleur moyen d'assurer la solidité de l'amorcé, c'est de veiller à le commencer de façon *continue et sans secousses*.

Vue de face avec un fer n° 5.

Encore une fois, remarquez que la ligne reliant la tête du bâton et l'épaule gauche est droite, et que la tête du bâton s'éloigne de la balle en ligne droite tout en restant près du sol.

En raison de la continuité du mouvement, vous ne pouvez faire autrement que de tourner correctement les épaules et les hanches, et de bien déplacer votre poids de sorte qu'il repose surtout sur l'intérieur du pied droit en fin d'élan ascendant.

Garder la tête du bâton près du sol durant l'amorcé facilite la bonne extension des mains loin de la balle et permet d'effectuer le large arc d'élan nécessaire à la puissance du coup.

En fin de mouvement ascendant, mon poids s'est déplacé vers le côté droit, mais mon genou droit reste fléchi. Mon bras gauche est relativement tendu et les poignets sont complètement pliés.

Le degré de rotation du corps dépend de la souplesse et du type physique du joueur, de sa force et de son degré de coordination. Évidemment, il différera largement d'un golfeur à l'autre. C'est, en partie, pour cette raison que le bon élan sera différent d'un joueur à l'autre.

Rappelez-vous qu'il faut ramener le bâton vers l'arrière aussi loin que possible, *sans* toutefois trop tendre la tête ou la déplacer.

Au moment de l'impact, la ligne entre la tête du bâton et l'épaule gauche est relativement droite. Le haut de mon corps reste bien derrière la balle pendant que je place la tête du bâton perpendiculairement à la balle. La quasi-totalité de mon poids a été déplacée vers le côté gauche.

Il y a une limite naturelle à l'élan de chacun; il importe de ne pas forcer pour la dépasser. Sinon, vous ajouterez des erreurs à votre mouvement naturel.

Malheureusement, de nombreux amateurs, poussés par le désir d'imiter les joueurs professionnels, dépassent cette limite. On a souvent dit que j'avais une rotation très ample des épaules. Celle-ci n'a jamais été le résultat d'un *effort conscient*. Elle est un élément naturel de mon *élan*, pas un mouvement auquel je pense en frappant la balle.

C'est pourquoi vous devez trouver le degré de rotation qui *vous* convient et le respecter. Si vous êtes trapu ou si vous manquez de souplesse, vous ne serez jamais capable de faire pivoter les épaules aussi loin en arrière qu'un joueur professionnel; vous n'êtes pas bâti pour cela. Il est donc inutile de tenter de le faire. Tout ce qui en résulterait, c'est une perte de contrôle de la tête du bâton et une diminution de la précision du tir.

Rappelez-vous qu'au golf la puissance n'a de valeur que si vous pouvez la contrôler d'une façon constante. Sinon, elle vous fera plus de tort que de bien.

TENTEZ CETTE EXPÉRIENCE

La différence entre la distance atteinte à la suite d'un plein élan et celle qui résulte d'un élan aux trois quarts est très mince. Cela vous surprend? Au cours de mes expériences, j'ai découvert que si je frappais la balle en exécutant un plein élan, elle ne se rendait que 10 p. 100 plus loin que si je la frappais en exécutant un élan aux trois quarts. Par conséquent, si vous cédez à la tentation de dépasser vos limites physiques dans l'espoir d'acquérir plus de puissance, vous sacrifiez le contrôle au profit de ce qui se révèle une augmentation négligeable de la distance parcourue par la balle.

Tentez vous-même l'expérience et vous en serez convaincu.

Les golfeurs qui n'ont pas l'habitude des tournois oublient trop souvent que le joueur qui frappe la balle dans l'allée éprouve généralement peu de difficulté à battre un adversaire dont les coups sont plus longs, mais plus éparpillés. Jetez un coup d'œil sur les statistiques concernant les professionnels. Ceux qui sont en tête de liste en matière de précision figurent également en bonne position sur la liste des gains. Ce n'est pas toujours vrai pour les professionnels qui occupent les dix premières places sur la liste des décocheurs à grande distance.

Maintenant que nous avons traité du troisième élément fondamental, vous avez compris que si vous vous appliquez à enraciner en vous ce mouvement où le haut du corps agit comme un seul bloc, le reste du corps suivra. Vous êtes déjà sur la bonne voie pour jouer de l'excellent golf.

4
L'immobilité de la tête

Gardez la tête immobile. Si ce conseil semble être un cliché, il est pourtant l'un des cinq éléments les plus importants de l'élan au golf.

L'une des caractéristiques qui ont participé à ma renommée tout au long de ma carrière a été mon habileté à garder la tête immobile en frappant la balle. Si certaines parties de mon élan ont souvent été qualifiées de non conformes aux méthodes reconnues, les critiques s'accordent presque unanimement à reconnaître que la position de ma tête a toujours été irréprochable. Quelle que soit la puissance de ma frappe sur la balle, j'ai toujours gardé la tête immobile.

Arriver à garder la tête immobile durant l'élan est plus facile à dire qu'à faire. Je parle d'expérience. J'ai dû fournir plus d'efforts pour perfectionner ce quatrième élément que les quatre autres ensemble. Quand j'avais six ans, mon père m'incitait à frapper la balle aussi fort que je le pouvais, *à condition que je garde la tête immobile*. Depuis, je n'ai jamais cessé de travailler cela.

Quand je parle d'immobilité, c'est dans le sens le plus strict de ce mot: il ne doit y avoir aucun mouvement latéral ou vertical. Tout mouvement de la tête constitue un frein: le contact du bâton sur la balle est alors moins solide et moins «de plein fouet», la balle est frappée selon une ligne moins droite et avec moins de puissance.

Les lignes dessinées sur cette photo indiquent la position de ma tête au début de l'élan.

Garder la tête en position relativement immobile assure la stabilité de l'axe de l'élan, de sorte que le cercle formé par celui-ci reste sur un plan constant durant tout le mouvement.

Grâce à l'immobilité de la tête, la tête du bâton frappera presque chaque fois solidement l'arrière de la balle. Les lignes vous montrent bien que ma tête est à peu près dans la même position au moment de l'impact qu'au début de l'élan.

Les lignes soulignent encore l'immobilité de ma tête, même après l'impact.

Ma tête demeure encore dans la même position au moment où j'étire les bras vers l'extérieur de la zone de frappe.

*Ma tête abandonne sa position et
se lève automatiquement, à mesure
que mon poids se déplace vers
l'extérieur du pied gauche, à la fin
de l'élan.*

La raison en est simple. Imaginez que votre élan soit un cercle, votre tête en étant le centre et la balle, un point tout en bas. Quand le centre du cercle se déplace, tout le cercle en fait autant. Et si le cercle se déplace, la tête du bâton ne passe plus directement par le point tout en bas qui représente la balle.

Il *existe* une différence, cependant, entre garder la tête immobile et garder les yeux sur la balle. Prenez la position de visée et essayez de déplacer votre tête tout en regardant fixement la balle; vous comprendrez ce que je veux dire. On peut parfaitement bouger la tête de 60 cm dans n'importe quelle direction tout en gardant l'œil sur la balle. Ainsi, même si vous gardez l'œil sur la balle, ce qui est indispensable, il faut vous rendre compte que cela n'équivaut pas à garder la tête immobile.

Je ne peux vous livrer aucun truc quant à la manière de garder la tête immobile. Seuls l'entraînement et la discipline vous permettront d'y arriver. La plupart des joueurs gardent la tête immobile de l'amorcé à l'impact, peu après lequel la force du prolongé les oblige à la soulever, en même temps que le haut du corps.

Une fois que vous saurez garder la tête immobile, vous serez prêt à faire ce que papa me disait il y a des années: «Frappe aussi fort que tu veux.»

5
L'accélération

L e dernier des cinq éléments de base diffère des autres en ce qu'il ne concerne pas directement la position ou le mouvement d'une ou plusieurs parties du corps avant ou pendant l'élan. De cet élément dépendra le type de prolongé que vous exécuterez. Il s'agit de l'accélération, c'est-à-dire de l'augmentation constante de la vitesse de la tête du bâton; en effet, cette dernière doit avoir atteint une certaine vitesse lors de l'impact pour que la balle soit frappée avec puissance et précision.

Comme le prolongé est fondamentalement la conséquence d'un élan descendant correctement exécuté, il constitue généralement un indice fiable du type d'accélération que vous imprimez à la balle. Si votre prolongé ne casse rien, sans doute ne produisez-vous pas l'accélération qui convient dans la zone de frappe, car si c'était le cas, la force du bâton en course libre suffirait à vous mener à une phase finale de l'élan qui soit efficace. Vos mains doivent se retrouver haut, au-dessus de l'épaule gauche, votre poitrine, orientée vers la gauche de la cible et la quasi-totalité de votre poids doit reposer sur l'extérieur du talon gauche.

LA DÉCÉLÉRATION FAIT RATER LES COUPS

La décélération du bâton en course vers la balle, que ce soit à la décoche, au roulé ou au bombé, est une des causes principales de la médiocrité des coups. Pensez à la dernière fois que vous vous êtes retrouvé sur le tertre de départ, pour un trou à normale 3, incapable de décider quel bâton utiliser, et que vous avez opté pour un élan plus mou avec un bâton plus fort. Je doute que votre élan descendant hésitant ait placé la balle sur le vert.

La décélération est causée par la crainte: crainte d'aller plus loin que le vert, de mal décocher, de lancer la balle dans le sable quand il faut lui faire décrire une trajectoire bombée pour qu'elle survole une fosse de sable, de frapper un roulé en descente rapide à 3 m de l'autre côté du trou. Ces peurs occasionnent un stress physique et mental qui vous porte à essayer de diriger la balle plutôt que de la frapper en un coup sec et dynamique.

Ceux qui m'ont vu jouer savent que j'ai toujours tendance à frapper la balle avec énergie, sans hésitation. Je ne dis pas que votre élan doit être aussi puissant que le mien. Je dis simplement que la vitesse de votre élan doit augmenter au moment de l'impact, si vous voulez que vos coups soient bons. *Il faut* que vous accélériez.

Je ne crois pas que le tempo de l'élan soit très important. Chacun donne à son élan l'allure qui reflète sa personnalité. Les personnes qui débordent d'énergie ont tendance à avoir un élan rapide. Elles amorcent naturellement l'élan descendant à grande vitesse et atteignent la zone de frappe à une vitesse à peine plus élevée. Celles qui sont plus détendues se sentent plus à l'aise quand l'allure est plus modérée. Elles augmentent lentement la vitesse du bâton, de façon uniforme, en un crescendo en puissance. Néanmoins, si tous ces golfeurs, aussi différents soient-ils, font accélérer la tête du bâton durant l'élan descendant et maîtrisent les quatre autres éléments, ils frapperont la balle tout aussi correctement les uns que les autres.

On arrive plus facilement à l'accélération quand la transition entre l'élan ascendant et l'élan descendant est douce. Quelle que soit la rotation naturelle de votre corps, pensez que vos mains planent jusqu'à l'arrêt en fin de mouvement ascendant, puis changent doucement de direction avant de prendre de la vitesse.

Rappelez-vous ceci: chaque fois que la situation est délicate et que vous ne disposez que d'une marge d'erreur réduite pour un coup, considérez l'accélération de la tête du bâton comme l'élément prioritaire.

Imaginons que vous deviez faire un court bombé au-dessus d'une fosse de sable profonde, vers un trou situé juste de l'autre côté. La crainte de faire tomber la balle dans la fosse fait naître en vous une tension qui provoque une décélération au cours de l'élan descendant. Le résultat? Votre crainte se matérialise. Dans une situation comme celle-là, veillez à bien accélérer durant l'élan descendant.

L'accélération, à elle seule, peut réduire de trois coups votre marque moyenne.

Récapitulation

La prise
La visée
L'amorcé
L'immobilité de la tête
L'accélération

Voilà les cinq éléments de base. La plupart des golfeurs qui les respectent tous produisent un élan efficace. Chacun joue un rôle tout aussi important que n'importe lequel des quatre autres. En négliger un engendrera une faiblesse importante chez le joueur. Veillez donc à bien les intégrer tous dans votre mouvement normal d'élan.

Il se peut que certains de ces éléments nécessitent, selon les joueurs, une attention particulière. Consacrez du temps à chaque élément et faites la sourde oreille à tout autre conseil que l'on vous prodiguerait. Mieux vaut toujours ignorer ce type de conseils, même s'ils sont donnés avec les meilleures intentions. Tenez-vous-en plutôt à notre plan de jeu et aux cinq éléments de base. C'est tout ce dont vous aurez jamais besoin.

DEUXIÈME PARTIE

L'EMPLOI DES BÂTONS

UN COUP D'ŒIL SUR LE CONTENU DU SAC

Maintenant que nous avons étudié les cinq éléments de base de l'élan et que vous les avez compris, examinons la façon dont ils s'appliquent aux différentes situations, selon les bâtons dont vous vous servez: les fers courts, moyens ou longs, les bois d'allée ou le décocheur.

Les golfeurs se plaignent souvent de ce qu'ils frappent bien avec les fers courts, mais mal avec les longs, ou vice versa. Ce dont ils ne se rendent pas compte, c'est que chaque bâton varie quant à l'angle de la face et à la longueur du manche. En conséquence, ils doivent varier l'angle d'attaque de la balle pour obtenir le meilleur contact possible entre celle-ci et la tête de chaque bâton. En général, plus l'angle de la face du bâton est petit, plus l'angle d'attaque doit être petit. Inversement, plus l'angle de la face est grand, plus l'angle d'attaque doit l'être aussi.

Le meilleur moyen de modifier l'angle d'attaque est de modifier la position à la visée.

Avec le décocheur et les bois, votre position devrait être alignée, et l'écartement des pieds assez large pour permettre le long mouvement de balayage nécessaire pour bien frapper avec ces bâtons. Mais à mesure que la longueur des fers que vous utilisez diminue, vous devez ouvrir graduellement votre position et réduire l'écartement de vos pieds, pour trouver l'angle d'attaque de la balle, qui sera de plus en plus grand. Positionner vos pieds selon la longueur du manche — position ouverte et écartement réduit pour les bâtons courts; position alignée et écartement large pour les bâtons longs — vous semblera parfaitement naturel et vous vous y habituerez facilement.

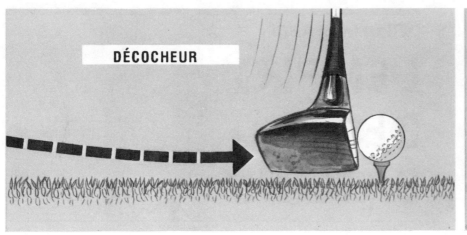

DÉCOCHEUR

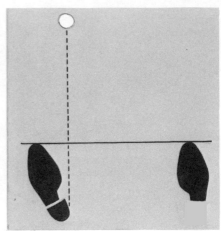

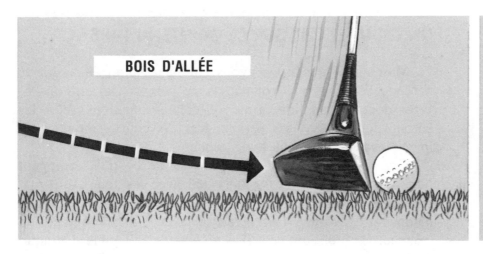

BOIS D'ALLÉE

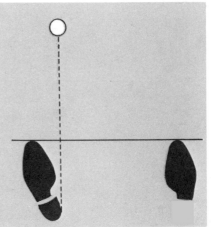

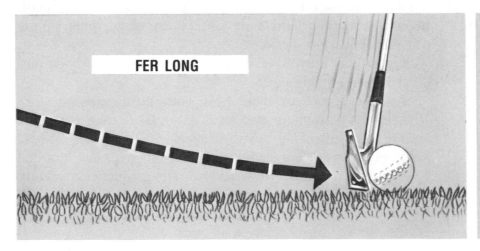

FER LONG

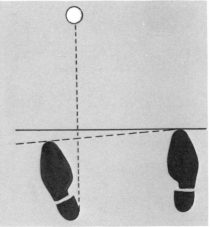

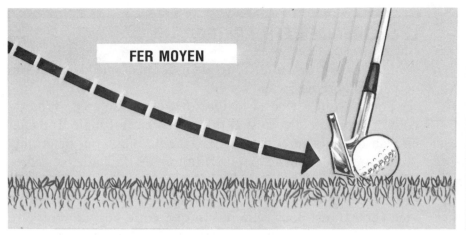

FER MOYEN

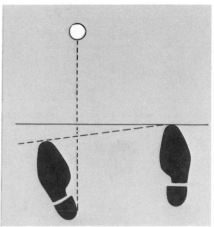

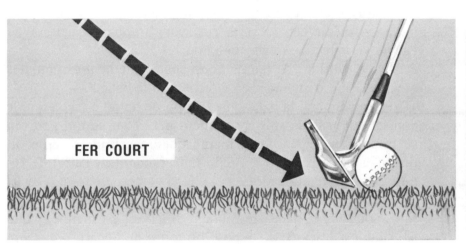

FER COURT

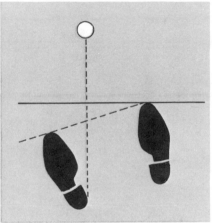

En frappant la balle avec les fers moyens et courts selon un angle d'attaque plus grand, vous donnerez au coup le maximum d'effet rétro. L'une des questions qui me sont le plus fréquemment posées quand je donne des cours de golf est celle-ci: «Comment imprimer à la balle un effet rétro? Autrement dit, comment la faire revenir en arrière?»

Je peux vous garantir que même si votre balle ne danse pas comme celles des professionnels quand vous la frappez sur le vert avec un fer n° 9, vous *obtenez* néanmoins un certain effet rétro. Vos coups manquent de vie parce que votre balle ne tourne pas sur elle-même autant que celle des professionnels. Vos balles perdent effectivement presque tout leur mouvement de rotation au premier bond. Chaque bâton donne à la balle un certain effet rétro, même le décocheur dont la face est relativement droite. En fait, toutes les balles *doivent* effectuer une certaine rotation sur elles-mêmes pour pouvoir s'élever dans les airs.

LE SECRET DE L'EFFET RÉTRO

L'*intensité* de l'effet rétro d'un coup donné dépend d'un certain nombre de facteurs.

Pour ce qui est de la facture de votre élan et du type de contact avec la balle, c'est la différence entre l'angle d'attaque en élan descendant et celui de la face du bâton qui détermine directement l'intensité de la rotation de la balle sur elle-même. Plus l'arc de l'élan descendant est raide et celui de la face du bâton considérable, plus important sera l'effet rétro, et vice versa. C'est pour cette raison que votre position doit être de plus en plus ouverte, pour anticiper un élan descendant de plus en plus vertical dès que le bâton s'élève.

Cela explique aussi pourquoi il est si important de garder les mains bien positionnées — légèrement en avant de la balle — au moment de l'impact, pour frapper la balle avec l'angle véritable de la face du bâton.

Les conditions de jeu du coup sont également essentielles quand il s'agit d'imprimer un effet rétro à la balle.

Premièrement, la balle doit être posée de telle façon que le contact bâton-balle soit absolument net. Tout ce qui pourrait se trouver entre les deux, même quelques brins d'herbe ou quelques gouttes de rosée, réduirait grandement l'effet de rotation que vous obtiendriez.

Deuxièmement, le vert doit répondre à certaines conditions pour que la balle «revienne». Si le vert est incliné et que sa pente est orientée à l'opposé du tertre de départ, *personne* ne pourrait réussir à faire remonter cette pente à une balle. La surface du vert doit donc être soit plate, soit inclinée de votre côté pour favoriser l'effet rétro.

La fermeté de la surface du vert est un autre facteur. Une balle dont la rotation est bonne mordra beaucoup plus une surface molle qu'une surface dure.

Enfin, la direction du vent influe également sur le degré de rotation de la balle. Si vous faites face au vent, la rotation sera plus grande. Si le vent souffle derrière vous, elle sera moindre.

J'expliquerai dans le prochain chapitre — qui porte sur les bâtons — les raisons pour lesquelles l'ajustement de la position des pieds vous aide à obtenir l'angle d'élan descendant qui convient. Cependant, je tiens à souligner dès maintenant qu'il est essentiel de procéder à cet ajustement si on désire bien frapper avec tous les bâtons, et pas seulement avec certains.

La position et l'écartement des pieds devraient seuls être modifiés quand vous changez de bâton. Tout le reste — la prise, la visée, l'amorcé, l'immobilité de la tête et l'accélération du bâton — demeure identique à *chaque* élan, avec *chaque* bâton. Cela est très important à retenir.

Cette dernière remarque bien gravée dans notre mémoire, examinons plus en détail chacun des bâtons.

6
Les bâtons

LES FERS COURTS

Les fers courts — les fers n°s 7, 8 et 9, le cocheur d'allée et le cocheur de sable — sont, après le fer-droit, les bâtons les plus utiles pour améliorer la marque des joueurs qui jouent pour le plaisir. On les utilise lorsque l'on recherche la précision, et non la distance. Leur rôle est facile à deviner lorsqu'on les observe de près: le grand angle de leur face donne des balles hautes qui atterrissent en douceur et leur manche court produit un élan court et contrôlé.

Pour bien jouer avec les fers courts, il faut frapper la balle d'un coup dirigé vers le bas selon une trajectoire abrupte, en touchant d'abord la balle, puis le sol. C'est le contraire du mouvement de balayage à angle d'attaque faible, lequel est nécessaire lorsque l'on joue avec les bâtons dont la face est plus verticale, comme le décocheur.

L'astuce pour réussir un coup descendant avec les fers courts, c'est de jouer en position *ouverte*.

Se mettre en position ouverte est simple. Alignez-vous tout d'abord parallèlement à la ligne de visée. Reculez ensuite le pied gauche d'environ 5 cm, comme si vous visiez un point situé légèrement à gauche de la cible. Veillez à ce que la face du bâton demeure perpendiculaire à la ligne de visée, à ce que votre corps entier reste aligné un peu sur la gauche et à ce que la ligne des hanches et celle des épaules soient parallèles à la ligne des pieds.

Prenez la position de visée, la balle faisant face à votre talon gauche, et basez-vous sur la longueur du manche pour décider de la distance où vous vous tiendrez par rapport à la balle. L'écartement des pieds doit être assez faible, c'est-à-dire d'environ 30 cm. Finalement, exécutez normalement l'élan le long de la trajectoire déterminée par votre corps.

Ouvrir votre position ne changera pas votre élan, mais déplacera l'angle d'attaque de la balle. La tête du bâton s'approchera de la balle selon une trajectoire plus verticale, avant de toucher le sol. De là, en raison de l'angle de la face, la balle s'élèvera dans les airs. Le fait que le manche soit court vous aide à imprimer au bâton une trajectoire plus abrupte. Cela empêche l'amorcé d'être long et bas et produit automatiquement un arc légèrement plus prononcé.

Leur avantage: la précision

Un dernier mot sur les fers courts: *ne les forcez pas*. De nombreux joueurs choisissent ces bâtons par orgueil. Ils essaient de frapper un coup de 120 m avec un cocheur, alors qu'il faudrait choisir un fer n° 7 ou n° 8. Par conséquent, il se peut qu'ils jouent le trou avec un décocheur et un cocheur, mais ce qu'ils négligent de vous dire, c'est qu'au dernier coup ils ont envoyé la balle dans une fosse de sable, ou à tout autre endroit délicat et éloigné du vert.

Il est préférable de faire comme les professionnels: respectez vos limites dans l'usage de chacun de ces bâtons. Vous bénéficierez d'une précision accrue et vous aurez plus souvent l'occasion de réussir un birdie en un roulé court.

LE FER N° 9 DE GARY PLAYER AU CHAMPIONNAT DE LA P.G.A. EN 1972

L'un des meilleurs coups jamais joués avec un fer court pendant un grand championnat est sûrement celui que Gary Player a exécuté avec un fer n° 9, au seizième trou du dernier tour, au cours du championnat de la P.G.A., en 1972, disputé au Oakland Hills Country Club de Birmingham, dans le Michigan.

À égalité de points avec Jim Jamieson, qui jouait deux trous devant lui, Player décocha sa balle du seizième tertre de départ; l'allée présentait un tracé coudé de 370 m qui déviait fortement vers la droite, contournant un lac adjacent au côté droit du vert; c'était un trou à normale 4.

La balle de Player atterrit dans les herbes, à 135 m du vert, derrière un grand saule. Après avoir réfléchi au coup qu'il allait jouer, Player décida de faire passer la balle au-dessus de l'arbre, plutôt que de le contourner au moyen d'un coup adouci. Toutefois, le fer n° 9 était le bâton le plus court qu'il pouvait employer pour être certain que la balle s'élèverait assez pour passer par-dessus le saule.

La balle s'éleva rapidement et passa au-dessus de l'arbre. À ce moment, Player la perdit de vue, les branches l'empêchant de suivre sa trajectoire. Il se jeta donc à terre pour la regarder: la balle était à peine plus de 1 m du poteau. À partir de là, son roulé, un coup sous la normale, et le fait qu'il ait joué les dix-septième et dix-huitième trous à la normale lui ont permis de remporter une victoire de deux coups sur son adversaire, ainsi que son deuxième championnat de la P.G.A.

LES FERS MOYENS

Les bâtons les plus «amicaux» que possèdent la plupart de ceux qui jouent pour le plaisir sont les fers moyens — les fers n°s 4, 5 et 6. Pourquoi? Parce qu'il est facile de frapper la balle avec ceux-ci. L'angle de leur face se trouve à mi-chemin entre l'angle de la face des fers courts et celui des fers longs. Leur face n'est donc ni très inclinée, ni très verticale. La longueur de leur manche est également agréable: ces bâtons ne sont ni trop longs ni trop courts.

Avec les fers moyens, la trajectoire d'élan idéale se situe nécessairement entre la trajectoire plutôt abrupte des fers courts et celle, moins profonde, nécessaire aux fers longs.

La position du corps à adopter pour jouer avec les fers moyens est à peu près la même que celle prise pour jouer avec les fers courts, à deux exceptions près.

Premièrement, la position de visée est un peu moins ouverte. Ainsi, la trajectoire de votre élan descendant s'aplatira légèrement, et vous frapperez la balle selon un angle moins prononcé. À partir de la position alignée, reculez le pied gauche de 2 à 3 cm. Laissez suivre les hanches et les épaules.

DEUX TROUS D'UN COUP EN DEUX JOURS

Deux coups particuliers avec le fer n° 5 sont gravés dans ma mémoire, parce qu'ils ont vraiment été des coups uniques dans ma carrière. Ils ont tous deux été joués au même trou, sur le même parcours, au cours du même tournoi: la coupe Chrysler au Tournament Player Course, à Avenel, en banlieue de Washington, D.C., en septembre 1986. Il s'agissait du troisième trou, à normale 3.

J'ai réussi le premier trou un mardi, durant un omnium; il s'agissait d'un trou de 168 m. Ma balle a atterri à environ 3 m devant le fanion, a rebondi deux fois, a heurté la base du poteau pour ensuite tomber dans la coupe. Inutile de dire que l'on éprouve toujours une sensation extraordinaire quand on réussit un trou en un, même quand on est un golfeur professionnel. J'ai tout de suite su que c'était un coup que je n'oublierais pas de sitôt.

Le lendemain se déroulait un autre omnium et, fait presque incroyable, j'ai réussi un autre trou en un, encore une fois au troisième trou, mais cette fois-ci à 164 m du fanion. J'avais de nouveau utilisé mon fer n° 5. La balle n'a pas dévié une seconde et, à mon grand étonnement et à celui de la centaine de spectateurs groupés autour du vert, a plongé directement dans le trou, après avoir heurté fortement le poteau.

Deux trous en un en deux jours! Il m'arrive encore d'en douter.

Le décocheur

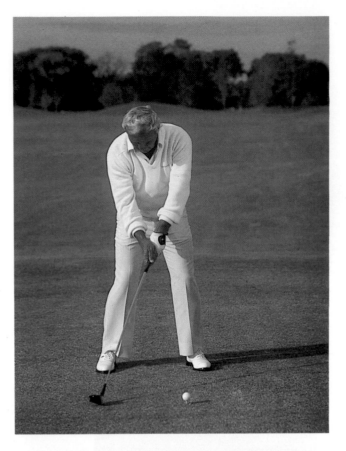

→

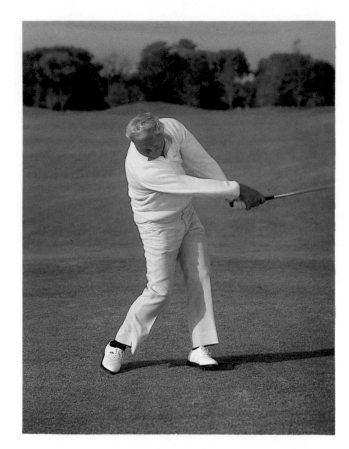

→

Le bois n° 3

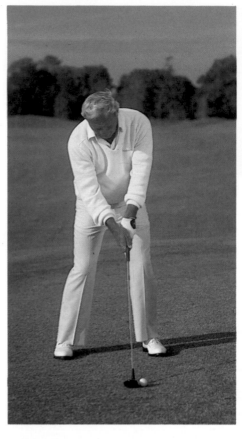

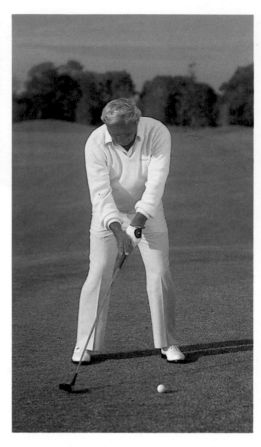

Le fer n° 2

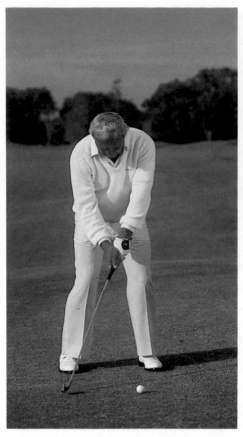

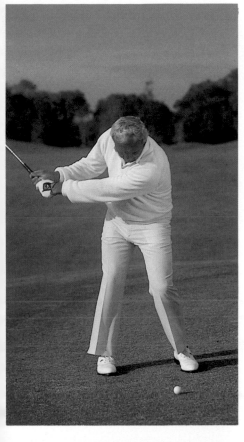

Le fer n° 5

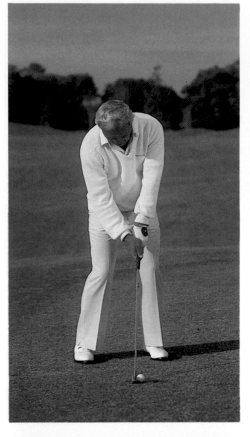
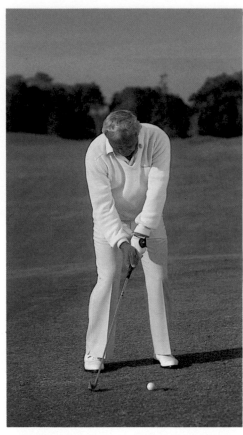
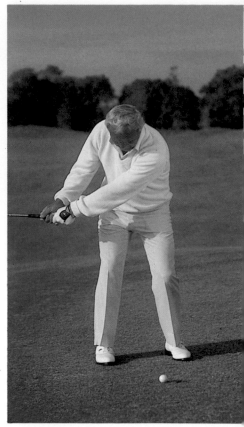

Le fer n° 9

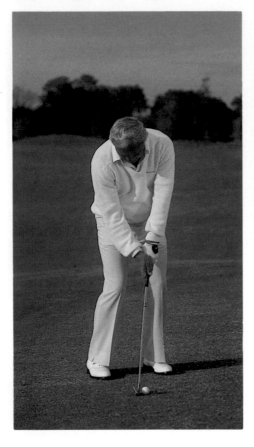
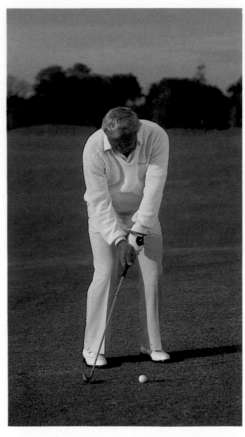
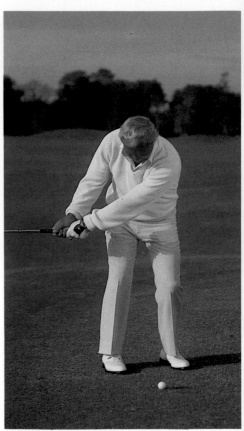

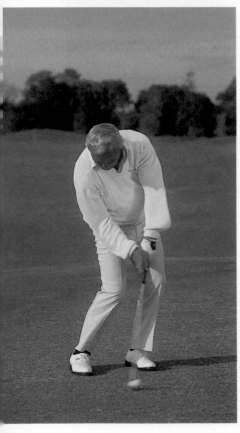

→

Deuxièmement, écartez les pieds un peu plus qu'avec les fers courts. Comme le manche est plus long et votre position plus alignée, vous pouvez exécuter un élan plus long. Il faudra donc que vos pieds soient légèrement plus écartés pour maintenir votre stabilité et votre équilibre durant tout l'élan.

Comme les fers courts, les fers moyens sont des bâtons de précision dont l'élan doit être contrôlé. L'astuce pour réussir avec ces bâtons est de vous en servir pour frapper là où vous le voulez, *et non* de prendre le fer n° 5, par exemple, pour frapper la balle 15 m plus loin que le joueur moyen. Il y a tout lieu de croire que ce joueur moyen sera beaucoup plus précis que vous, si vous vous acharnez uniquement à gagner de la distance.

Suivez la méthode de mise en position précédemment exposée et contrôlez votre élan. Nul doute que vos fers moyens vous paraîtront alors encore plus «amicaux» qu'auparavant.

LES FERS LONGS

Pour la plupart des golfeurs qui jouent pour le plaisir, les fers longs ne sont pas les plus faciles à utiliser. En fait, la plupart des golfeurs, professionnels comme amateurs, s'entendront pour dire que les fers longs sont les bâtons qui démarquent le plus les joueurs pour qui le golf est un métier de ceux qui ne jouent que pour s'amuser.

Qu'est-ce qui rend les fers longs si difficiles à utiliser? Tout d'abord, leur angle de face minime. Évidemment, les fers n°s 1, 2 et 3 ont un angle de face plus fermé que les fers courts et les fers moyens. Aussi est-il plus difficile de faire monter la balle dans les airs avec des fers longs, puisque la marge d'erreur est réduite. Vous pouvez donc préférer utiliser un fer n° 6 ou n° 9 sans même profiter de tout l'effet qu'ils peuvent donner à la balle, car il est certain que la balle s'élèvera néanmoins et que le coup sera raisonnablement bon. D'autre part, une balle qui n'est pas frappée de plein fouet par la face d'un fer long ne quitte généralement pas le sol.

Ne croyez pas que seuls les professionnels ont le talent nécessaire pour jouer avec les fers longs. Si vous connaissez parfaitement les éléments de base, rien ne vous empêche de vous en servir. Pour réussir avec les fers longs, il faut effectuer un mouvement de balayage plus prononcé durant l'élan, frapper la balle avant le sol, puis bien exécuter le prolonger.

Pour ce faire, adoptez simplement une position des pieds légèrement ouverte. Reculez le pied gauche d'environ 2 cm et augmentez quelque peu l'écartement des pieds. Ainsi, vous pourrez garder votre équilibre durant tout l'élan, qui sera plus long en raison de la plus grande longueur du manche des fers longs.

NICKLAUS ET SON FER N° 1

Un des plus beaux coups au fer long que j'aie jamais vu est celui que Jack Nicklaus frappa au dix-huitième trou du tour final, au cours de l'U.S. Open de 1967, disputé au Baltusrol Golf Club de Springfield, dans le New Jersey.

Jack et moi étions en deuxième place, ex æquo avec Billy Casper, un coup derrière Marty Fleckman, lorsque nous avons commencé le dernier tour. Quand Fleckman et Casper eurent perdu du terrain, je me trouvai aux prises avec Nicklaus. Au dernier tertre de départ, Jack avait déjà quatre coups d'avance sur moi. Pourtant, tout était encore possible.

À Baltusrol, le dernier trou, à normale 5, mesure 488 m et peut être atteint en deux longs coups. Ma décoche fut parfaite, longue et droite, alors que Jack, lui, envoya sa balle à droite, dans les herbes, avec son fer n° 1. Pour ne pas prendre de risques inutiles, au deuxième coup, Jack prit son fer n° 8, mais il manqua son coup: la balle se rapprocha du fanion d'environ 45 m. Pendant ce temps-là, moi je frappais bien ma balle avec un bois n° 3, la plaçant en bonne position, à droite du vert.

Pour son troisième coup, Jack décida de prendre des risques. Reprenant son fer n° 1, il frappa un long coup adouci dans la brise légère. La balle passa au-dessus d'une fosse de sable et sa trajectoire s'adoucit. Elle atterrit doucement à proximité du vert, en direction duquel elle continua de rouler pour s'immobiliser à moins de 7 m du trou. La victoire de Nicklaus était assurée.

Exécutez l'élan normalement, en tenant compte du fait que l'angle de face soulèvera la balle. Même si cet angle ne paraît pas suffisant pour soulever la balle, je puis vous assurer qu'il l'est, à condition que la face du bâton heurte la balle de plein fouet. Concentrez vos efforts sur l'accélération de la tête du bâton, comme si vous désiriez faire passer cette dernière *à travers* la balle et non frapper la balle.

Il n'est pas nécessaire de frapper la balle plus fort avec les fers longs qu'avec les autres bâtons. Si vous frappez naturellement la balle avec force, c'est bien; mais qu'elle que soit l'allure de votre élan, il importe de la maintenir avec tous les bâtons, et particulièrement avec les fers longs.

Exécutez l'élan à votre allure normale et vous aurez plus de chances de bien frapper la balle de plein fouet, à la bonne vitesse. Les deux facteurs — vigueur d'impact et vitesse — sont cruciaux, cela va de soi, pour bien frapper avec chaque bâton, mais ils prennent encore plus d'importance quand il s'agit de frapper avec les fers longs. Ne commettez pas l'erreur de tenter de gagner de la distance aux dépens du contrôle. C'est inutile. Remettez-vous-en à l'angle de la face du bâton et exécutez votre élan librement, pour passer à travers la balle avant de terminer par un prolonger. Votre confiance en l'angle de la face du bâton vous sera profitable.

Le fer n° 1

Si vous êtes assez habile avec les fers longs, vous voudrez probablement essayer le fer n° 1, qui a les qualités des bois quant à la distance et celles des fers quant au contrôle.

Habituellement exclu des ensembles standard, le fer n° 1 est un bâton que peu de joueurs, pour la plupart des professionnels, sont capables d'utiliser. Son faible angle de face (17°) exige une vitesse de tête exceptionnelle pour que le coup réussisse.

Si vous pensez pouvoir jouer avec le fer n° 1, demandez à un professionnel de votre club de vous en prêter un et tentez l'expérience sur le tertre d'entraînement. Non seulement il permet, de l'allée, d'envoyer la balle à une excellente distance mais c'est un bon bâton pour contrôler la balle sur le té quand l'allée est étroite ou pour la faire voler bas quand il y a beaucoup de vent.

LES BOIS D'ALLÉE

Les bois sont des bâtons fort précieux pour le joueur qui sait bien s'en servir, car ils offrent une distance maximum pour les coups joués sur l'allée. Un golfeur suffisamment compétent pour bien jouer avec ces bois n°s 3, 4 et 5 pourra souvent, sur des trous à normale 5, atteindre le vert en deux coups seulement. Ces bois peuvent également aider les joueurs qui frappent court à atteindre le vert en deux coups sur nombre de trous à normale 4.

Les joueurs à handicap se sentent souvent plus à l'aise avec les bois qu'avec les fers longs, et ce pour plusieurs raisons. Premièrement, la face des bois est plus ouverte et moins intimidante pour le joueur que la face relativement droite des fers longs. Deuxièmement, le manche du bois étant plus long que celui du fer, l'arc de l'élan est plus grand et donne une plus grande vitesse à la tête du bâton. Troisièmement, les bois sont plus légers que les fers longs, ce qui favorise également la vitesse de la tête du bâton. Quatrièmement, la grosseur de la tête du bois donne au joueur l'impression qu'il va frapper la balle plus solidement.

Jouer avec les bois requiert un élan semblable à celui qu'il faut exécuter avec des fers longs — un long mouvement de balayage pour passer à travers la balle, suivi d'un prolonger, l'angle de l'élan descendant restant très faible.

Pour exécuter un coup avec un bois, prenez une position alignée, pieds, hanches et épaules parallèles à la ligne de cible. Cette position vous permettra d'obtenir l'arc le plus faible au cours de l'élan descendant. Votre objectif est de frapper la balle avant le sol tout en bas de l'arc de l'élan. Frapper la balle vers le bas, en un coup descendant, la fait sauter. Vos pieds devront être un petit peu plus écartés que lorsque vous utilisez un fer long.

Pour se servir d'un bois, il vaut mieux que la balle soit en bonne pose, mais, à mesure que vous gagnerez de l'assurance et de l'habileté en jouant avec eux, vous pourrez les essayer avec des poses de balle diverses.

Un dernier mot sur les bois. De nombreux joueurs débutants ou moyens préfèrent remplacer leur fer n° 2 par un bois n° 5 qui, en plus de faciliter la frappe, donne à la balle une trajectoire plus haute et assure un atterrissage plus doux. Les fabricants de bâtons ont répondu à la demande en produisant des bois dont l'angle de face est encore plus grand, comme les bois n°s 6 et 7. Ceux-ci peuvent constituer d'excellents bâtons de remplacement pour nombre de joueurs, surtout pour les femmes et les personnes âgées, souvent physiquement incapables d'imprimer à la tête d'un fer long la vitesse nécessaire pour réussir de bons coups. Ceux qui parmi vous éprouvent ces difficultés feraient bien d'envisager cette substitution.

DU BOIS N° 3 AU POTEAU

Le meilleur coup que j'aie jamais joué avec un bois fut sans doute celui que j'ai frappé au cours du championnat de la P.G.A. de 1968, qui se tenait au Pecan Valley Country Club, à San Antonio, au Texas, championnat que je n'ai cependant pas remporté. Il restait un trou à jouer. Il fallait que je réussisse un birdie pour être à égalité avec Julius Boros, qui jouait après moi.

Le dernier trou, à normale 4, mesurait 423 m, et son tracé coudé déviait vers la droite. Un ruisseau traversait l'allée, à environ 220 m, forçant le joueur à faire lever sa balle très haut à la décoche, pour ensuite la frapper avec un fer long afin qu'elle atteigne le vert surélevé.

Ma décoche laissa à désirer. Ma balle fit un crochet à gauche et atterrit dans les herbes, à environ 207 m du vert. Pensant que Boros allait finir à la normale, je pris un bois n° 3 et essayai d'atteindre le vert. Grâce à un élan fouetté, la tête du bâton se glissa avec puissance dans les hautes herbes, projetant la balle qui décrivit une trajectoire basse et légèrement crochetée. Elle atterrit un peu en deçà du vert, roula jusqu'au poteau qu'elle heurta, fit un ricochet et s'immobilisa finalement près de 3 m plus loin.

Puis, ce qui aurait dû arriver n'arriva pas. Je croyais que mon roulé dévierait d'environ 1 cm vers le trou, mais sa trajectoire demeura rectiligne: la balle s'immobilisa au bord du trou. Je l'empochai ensuite; j'avais joué le trou à la normale. Derrière moi, Boros ne parvint pas à atteindre le vert à son deuxième coup. Mais il se reprit au troisième, où il plaça la balle dans le trou, gagnant ainsi le match.

LE DÉCOCHEUR

Nous arrivons enfin à mon bâton préféré: le décocheur. Pour un joueur fonceur comme moi, le décocheur est le bâton qui procure le plus de joie. Il me fournit l'occasion de faire plier le manche et d'envoyer la balle à la distance maximale. Quoi de plus excitant que de frapper la balle de plein fouet, de la voir voler vite et droit pour atterrir dans l'allée, 250 m plus loin.

Effet plus important encore: grâce à une bonne décoche vous pourrez atteindre le vert d'un trou à normale 4 ou arriver au vert en deux coups, dans le cas d'un trou à normale 5. Multipliez vos efforts pour perfectionner votre décoche, parce que vous en retirerez d'énormes avantages: vous aurez plus de chances d'atteindre le vert dans les normes.

Le secret pour réussir à bien frapper la balle avec le décocheur, c'est de maintenir l'élan sur un arc peu profond, le bâton devant entrer en contact avec la balle quand la tête de celui-ci se trouve tout en bas de l'arc. C'est ainsi que la face du bâton décochera la balle directement vers la cible. La meilleure façon de faire pour y réussir, c'est de se placer en position alignée. Pieds, hanches et épaules doivent être parallèles à la ligne de visée. Écartez les pieds un peu plus que lorsque vous utilisez les bois; leur écartement devrait correspondre à votre carrure.

Placez la balle face à votre talon gauche, sur un té assez haut pour faciliter la balayage de la balle, tout en bas de l'arc de l'élan. Certains golfeurs jouent avec une balle placée plus à gauche, face à la cambrure du pied, voire face aux orteils. Toutefois, cette position favorise le balayage de la balle tout au début du prolongé. Or je trouve qu'il est préférable que le contact avec la balle se produise tout en bas de l'arc de l'élan de manière à décocher la balle directement vers la cible.

Pour mes décochés, je place la balle sur le té à environ 2,5 cm du sol. Une balle placée plus bas nécessiterait un coup trop descendant, qui la ferait monter et réduirait de beaucoup la distance qu'elle parcourrait. Attachez une grande importance à la hauteur du té, car c'est pour ainsi dire le seul moment où vous pouvez vous assurer de la pose parfaite de la balle pour les coups à élan complet.

Le contrôle de la puissance

Je ne pense pas qu'il existe un seul golfeur au monde qui ne prenne plaisir à frapper une balle longue. Cependant, soyons réalistes: la puissance au té, comme n'importe où ailleurs sur le parcours, ne vaut rien si elle n'est pas *contrôlée*.

Prenez une position alignée, la balle placée face au talon gauche, sur un té suffisamment élevé pour faciliter le mouvement de balayage en direction de la cible.

Une bonne décoche devrait placer la balle à la meilleure position possible pour attaquer le vert sur un trou à normale 4 ou pour exécuter le deuxième coup, sur un trou à normale 5. Si ce n'est pas le cas, votre marque en souffrira. Vous pouvez être le meilleur joueur de fers du monde, si vous devez toujours les utiliser à partir des longues herbes, des fosses de sable ou des sous-bois, il ne fait aucun doute que votre marque s'en ressentira. C'est pourquoi il est essentiel que vous recherchiez la précision autant que la puissance avec le décocheur, votre bois n° 1.

La précision de la décoche

Il n'y a aucun truc particulier pour décocher la balle avec précision. Il suffit d'appliquer les cinq éléments de base à chaque élan à partir du té et de noter le nombre de fois que votre balle s'égare.

Malheureusement, la plupart des joueurs moyens, en quête d'une distance accrue, commettent des erreurs dans leurs élans; un grand nombre de coups ratés en résultent. La faute la plus courante que j'ai notée chez les amateurs qui essaient de matraquer la balle, c'est le mouvement de la tête. En essayant de pousser l'effort au maximum, ou pour raffermir l'élan descendant de toute leur force, ils bougent leur tête, ce qui déplace le centre de leur élan. Il en résulte un piètre contact du bâton sur la balle.

UNE BELLE DÉCOCHE D'OUVERTURE

En entamant le dernier tour de l'U.S. Open de 1960, au Cherry Hills Country Club de Denver, dans le Colorado, je traînais par sept coups derrière le meneur Mike Souchak. Mais je sentais que je pouvais encore gagner si je commençais avec une balle puissante.

Le premier trou, à normale 4, au tertre de départ élevé, était relativement court: 311 m. Je pensais donc pouvoir tirer le maximum de la décoche, dans cette ville située à haute altitude, la «Mile High City», où les balles de golf se rendent généralement 10 p. 100 plus loin que lorsque l'on joue au niveau de la mer. Toutefois, il y avait une étendue de hautes herbes que l'on avait laissées pousser à environ 54 m du vert, pour décourager les tireurs de longues balles de tenter un long décoché.

Décidé néanmoins à tenter un long décoché pour commencer le jeu énergiquement, je frappai la balle de toutes mes forces, de plein fouet. Elle passa à travers les herbes et roula pour s'arrêter enfin à peu près au milieu du vert, à environ 6 m du fanion. Ce décoché me valut le premier des six birdies que je réussis à l'aller et une marque finale de 65; je remportai ainsi la victoire par deux coups.

Vous rappelez-vous ce que mon père me disait? «Frappe aussi fort que tu veux, *mais ne déplace pas ta tête.*» De tous les bâtons dont nous avons parlé, ce conseil s'applique particulièrement lorsqu'on utilise le décocheur, parce qu'on a alors tendance à frapper la balle avec beaucoup de force. En outre, un coup raté ou médiocre avec le décocheur fera dévier la balle beaucoup plus fortement qu'avec tout autre bâton.

Si vous éprouvez de la difficulté à garder la balle dans l'allée au décoché, il est probable que le mouvement de votre tête en soit la cause. Essayez d'exécuter un élan plus contrôlé, en maintenant votre tête dans sa position initiale de manière qu'elle ne bouge pas plus que si elle était prise dans un étau. Vous recommencerez à frapper la balle de plein fouet, et la distance additionnelle qui *s'ensuivra* vous étonnera, vous ravira et, bien sûr, améliorera tout votre jeu.

7
L'entraînement

J'ai précisé dans l'introduction de cet ouvrage que si vous faisiez l'effort d'apprendre les éléments de base du jeu et consacriez assez de temps pour vous entraîner, vous seriez récompensé par une réduction importante de votre marque moyenne.

De cela, je suis absolument sûr.

Je suis sûr aussi qu'un certain nombre d'entre vous ont roulé des yeux et soupiré en lisant le mot magique: entraînement. Je pense savoir pourquoi: j'ai entendu beaucoup d'amateurs se plaindre de ce que le temps qu'ils consacraient à frapper des balles d'entraînement ne leur était d'aucune utilité.

Honnêtement, je suis certain que leurs plaintes sont fondées, leurs heures d'entraînement n'étant probablement pas «de qualité». Généralement, ils se rendent au terrain d'entraînement de leur localité, achètent un seau de balles, empruntent un décocheur, cherchent le tapis de caoutchouc le plus proche et commencent à tirer. Mitrailler le terrain pendant une demi-heure fait travailler vos muscles, mais n'agit absolument pas sur votre élan.

Mon but dans ce chapitre est de vous apprendre à tirer meilleur parti de votre temps d'entraînement et aussi de vous montrer comment le rendre plus agréable. Une fois que vous aurez découvert à quel point un entraînement «de qualité» peut influencer votre marque, vous y prendrez naturellement et automatiquement plus de plaisir.

POURQUOI S'ENTRAÎNER?

Au golf, il ne s'agit pas de rechercher l'élan parfait, mais d'en arriver à un élan qui soit fonctionnel et, plus important encore, que l'on puisse répéter. Si vous ne pouvez exécuter un élan deux fois de suite de la même manière, vos chances de réussir au golf seront compromises.

C'est pourquoi l'entraînement est si important. Il conditionne le corps et les muscles à exécuter les mouvements justes de l'élan, jusqu'à ce qu'ils deviennent aussi automatiques que les réflexes. À ce stade-là, vous les exécuterez sur le terrain sans même y penser.

Ce n'est pas sur le terrain de golf que vous devez vous inquiéter de la mécanique de l'élan; vous devez plutôt concentrer alors toute votre attention sur la stratégie du jeu. C'est sur le terrain d'entraînement que vous le travaillerez, celui-ci pouvant être considéré comme un atelier. C'est là que vous construirez un bon élan ou corrigerez un élan déficient. Sur ce terrain, vous pourrez vous détendre: rien ne vous force à frapper une bonne balle à chaque coup; vous pouvez expérimenter vos coups sans inquiétude. Et, ce qui est le plus important, vous pouvez en toute liberté prendre votre temps entre les coups et vraiment concentrer votre énergie à intégrer les éléments justes dans chacun de vos élans.

Lors de chaque séance d'entraînement, donnez-vous un ou deux objectifs particuliers et consacrez-leur la séance. Si, par exemple, la position de votre tête laisse à désirer, faites-en le sujet d'une séance. Oubliez alors tous les autres problèmes mécaniques; ne travaillez que l'immobilité de la tête. Les joueurs se découragent parce qu'ils essaient de résoudre trop de problèmes à la fois et, de ce fait, ne réussissent jamais à rien régler.

TROUVER LE BON ENDROIT

Il est important de trouver un endroit dont les caractéristiques correspondent à celles d'un terrain de golf. Les tapis de caoutchouc ne font pas l'affaire.

Si votre terrain de golf comprend un champ d'entraînement, n'hésitez pas à l'utiliser. Sinon, trouvez un autre endroit où frapper vos propres balles de peluche: une cour d'école, un terrain d'athlétisme ou tout autre grand espace où vous pourrez sans danger exécuter des élans complets.

TOUJOURS VISER UNE CIBLE

Lorsqu'on y réfléchit, on s'aperçoit que, finalement, la chose la plus importante au golf est d'envoyer la balle là où on le désire. Durant une partie, vos coups visent toujours quelque objectif: un certain endroit dans l'allée ou sur le vert, peut-être même le poteau. Il est donc essentiel d'avoir une cible pour les coups d'entraînement.

Ne prenez pas l'habitude d'exécuter des élans en ne pensant qu'au bon contact du bâton sur la balle. Il n'est pas très difficile de s'approcher de la balle et de la frapper puissamment. Mais il est très difficile de la frapper avec force et de l'envoyer exactement là où on le désire. Je sais que vous pourriez être tenté de vous contenter de frapper la balle sans rien viser parce que ce serait une préoccupation de moins. Cependant, quand vous jouerez la fois suivante sur le vrai terrain, les préoccupations ne vous manqueront pas quand vous vous rendrez compte que toutes vos balles vont trop à gauche ou trop à droite de votre cible.

Le meilleur moyen d'apprendre à bien viser et à bien s'aligner, c'est de se servir de bâtons indicateurs.

Jetez d'abord à terre une balle à frapper. De l'autre côté de celle-ci, couchez un bâton pointant vers la cible. Puis couchez un autre bâton, parallèle au premier, tout près de l'endroit où vos pieds devront se trouver lors de la visée. Vous pouvez maintenant vous mettre en position par rapport à la balle, en étant assuré que vous visez bien l'objectif et en ayant un point de référence pour déterminer l'alignement de vos pieds, de vos hanches et de vos épaules.

Vous pourriez également coucher un troisième bâton, perpendiculaire aux autres, qui relierait votre talon gauche au point inférieur du manche juste sous la balle; cela garantirait la justesse de la position de la balle.

Certains joueurs ne se servent que d'un seul bâton placé près des pieds. Je préfère en utiliser également un second, situé juste de l'autre côté de la balle, et ce pour trois raisons.

Premièrement, il devient alors plus facile de se représenter en position alignée, en train de viser directement la cible. C'est comme si vous vous teniez sur une voie ferrée qui mènerait directement là où vous voulez que votre balle se rende.

Deuxièmement, si vous veillez à ce que la face du bâton soit perpendiculaire au manche de ce second bâton posé par terre, vous serez certain qu'elle est bien perpendiculaire à la ligne de visée.

Troisièmement, le fait qu'un bâton soit couché tout près de la balle vous aide à déceler si votre élan descendant est mauvais, puisqu'une déviation intérieure ou extérieure de votre bâton durant le mouvement descendant entraînerait le heurt de sa tête contre le bâton couché au sol.

L'une des fautes les plus courantes, commise aussi bien par les amateurs moyens que par les as du golf, c'est de perdre progressivement, sans même s'en rendre compte, le bon alignement lors de la visée. Cela peut se produire facilement, *sauf* si vous vérifiez régulièrement votre position. Sinon, vous aurez toutes sortes d'ennuis, du tir en biais et du crochet, jusqu'à la balle vrillée.

Vous verrez souvent les professionnels de la P.G.A. se servir de bâtons indicateurs sur le tertre d'entraînement. Si cela leur réussit, il en ira de même pour vous.

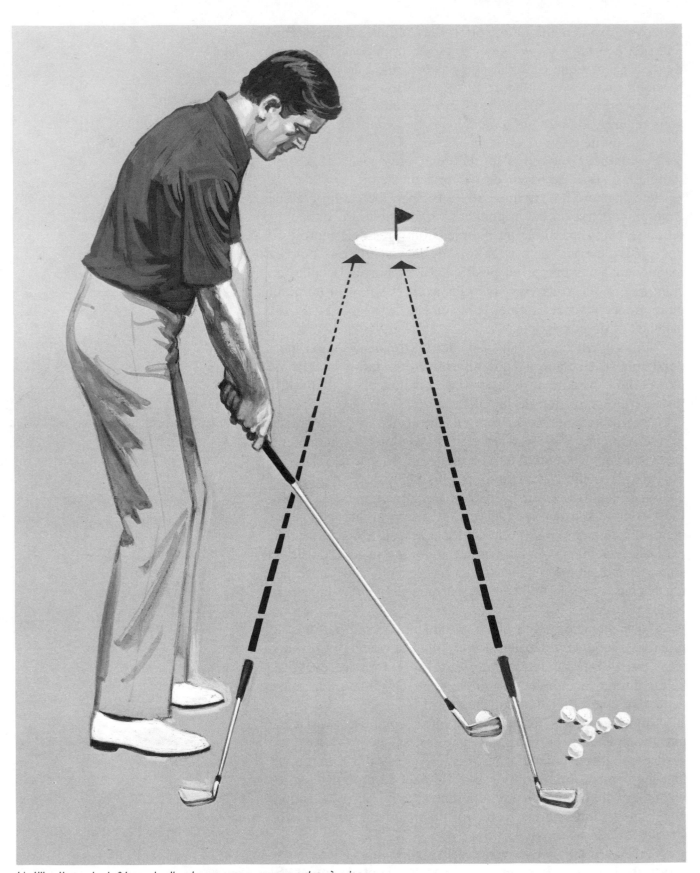

L'utilisation de bâtons indicateurs pour apprendre à viser.

RÉPARTIR LES SÉANCES

Je vous recommande de répartir vos séances d'entraînement durant la semaine, plutôt que de chercher à tout travailler en une ou deux longues séances. Une séance trop longue vous fatiguera; vous commettrez alors des erreurs et prendrez de mauvaises habitudes.

Au début, vous vous fatiguerez sans doute rapidement. Résistez cependant à la tentation d'aller au-delà de vos forces. Votre endurance s'améliorera à chaque séance, jusqu'à ce que vous soyez capable de frapper de nombreuses balles sans perdre votre entrain.

Cela aidera particulièrement les joueurs qui perdent leurs moyens aux derniers trous d'un tour. Sur le parcours, ils jouiront d'une énergie accrue, grâce à la résistance acquise à l'entraînement.

RENDRE L'ENTRAÎNEMENT AGRÉABLE

Il importe de bien se préparer psychologiquement avant d'arriver sur le terrain d'entraînement. Faites de l'entraînement une partie de plaisir, et non une corvée. Si vous voyez l'entraînement comme des heures d'ennui passées à frapper des balles, c'est tout ce qu'il sera pour vous. Mais si vous arrivez convaincu de ce que l'entraînement vous aidera à améliorer votre habileté et à abaisser votre marque, vous trouverez les séances d'entraînement beaucoup plus productives.

J'ai toujours aimé m'entraîner, parce que j'aime frapper la balle, que ce soit sur le champ d'entraînement ou sur le parcours. D'autre part, je sais que les heures que je consacre à l'entraînement m'aident à améliorer mon jeu.

Souvent, j'imagine que je suis en train de faire un parcours complet sur un de mes terrains préférés, passant du tertre de départ au vert, du décoché à l'approche roulée, du premier au dix-huitième trou. Ce que je veux vous faire comprendre, c'est qu'avec de la détermination et un peu d'imagination vos séances d'entraînement pourront devenir plus agréables et, par le fait même, plus productives.

Cessez donc de perdre votre temps. Allez régulièrement sur le terrain d'entraînement et travaillez. Vous pouvez espérer, sans crainte de vous tromper, acquérir un meilleur élan et obtenir des marques beaucoup plus basses.

8
La visualisation

Vous avez sans doute déjà entendu dire que jouer du bon golf procède surtout du mental. C'est vrai. Une pensée claire mène le joueur aux saines décisions stratégiques. C'est le facteur déterminant pour obtenir de bonnes marques.

La *visualisation* est un autre aspect psychique du jeu, tout aussi important. Il s'agit de se représenter ce que sera réellement le coup à jouer, avant de le jouer.

Cet outil précieux vous aidera partout sur le terrain, du té au vert et dans les situations les plus délicates.

Avant de frapper quelque coup que ce soit, imaginez-en les moindres détails: la sensation du bâton dans vos mains quand vous le saisissez, l'élan ascendant, l'élan descendant, la frappe de la balle. Imaginez ensuite la balle qui vole vers votre cible et qui atterrit exactement là où vous le vouliez.

Visualiser le coup du début à la fin aide à déclencher la «mémoire» de vos muscles pour que vous jouiez le coup désiré. C'est particulièrement utile lorsque l'on se trouve dans les situations stressantes. Visualiser le résultat souhaité sert également à oblitérer les pensées négatives.

Même si c'est la première fois que vous entendez parler de la visualisation préalable du coup, vous l'avez probablement pratiquée sans le savoir. Pensez à un de vos trous à normale 3 préférés, celui où vous sentez toujours que vous allez atteindre le vert. Chaque fois que vous approchez du té, les souvenirs des anciens coups réussis surgissent. Vous «voyez» la balle décrire un arc vers le vert et «sentez» automatiquement l'excellent élan avec le fer n° 7. Ces pensées vous donnent une telle confiance en vous que vous avez hâte de répéter le coup.

Voilà ce qu'une visualisation réussie peut déclencher à *chaque coup.*

S'ENTRAÎNER À LA VISUALISATION

Plus vous vous entraînerez à la visualisation, plus vous la maîtriserez et plus elle contribuera à la qualité de votre jeu.

Si vous êtes comme moi, quand vous ne jouez pas au golf vous aimez vous détendre en pensant à votre jeu. La prochaine fois que vous le ferez, essayez de jouer quelques trous en imagination.

Imaginez-vous sur le tertre de départ de votre trou à normale 4 préféré, un beau matin d'été sans vent. Vous placez la balle sur le té, évaluez la situation et choisissez le point d'atterrissage de votre balle. Vous saisissez le bâton et vous approchez de la balle, détendu, prêt. Vous exécutez un bon élan — *clac* — et la balle vole droit vers votre cible.

Maintenant, votre deuxième coup. Grâce à votre premier coup, vous jouissez d'une bonne pose, à 135 m du poteau. Devant vous, une fosse de sable protège la droite du vert. Il n'y a pas un souffle de vent, aussi choisissez-vous le fer n° 5 et visez le centre du vert, vous préparant à jouer votre habituel coup adouci. Prise du bâton, visée, élan, *contact*; la balle vole d'abord vers le centre du vert, puis dévie un peu, juste avant d'atterrir doucement à hauteur du poteau, environ 3 m à gauche de celui-ci.

Il ne vous reste plus qu'à mener à bien un coup roulé pour réussir un birdie. Il vous semble que la balle devrait légèrement dévier de droite à gauche. Aussi visez-vous un peu à droite du trou, à environ une largeur de balle. Il y a une pente ascendante légère et le grain du gazon joue contre vous. Votre coup sera donc un peu plus sec. Prenez votre position, mettez-vous à l'aise, ayez confiance en vous et frappez. Une sensation agréable vous envahit; vous sentez que le coup est bon. La balle roule bien... et tombe dans le trou.

Essayez de visualiser un scénario similaire chaque fois que vos pensées se porteront sur le golf. C'est un bon et agréable entraînement psychique et vous vous apercevrez que vous n'aurez des difficultés ou ne ferez un bogey que rarement. Quelle façon extraordinaire d'améliorer son jeu!

9
La zone de marque

Sur un parcours, la zone de marque correspond à l'aire qui entoure le vert dans un rayon d'environ 45 m. C'est là que se joue le jeu court. Ceux qui y excellent épargnent de nombreux coups, alors que les autres en gaspillent souvent beaucoup.

Le jeu court a souvent été qualifié, à raison, de grand égalisateur. En effet, le joueur qui frappe court peut largement compenser son manque de distance par son habileté autour du vert. Il ne fait aucun doute que les cochés, les bombés et les roulés réussis entraînent d'innombrables birdies et m'ont souvent permis, ainsi qu'aux autres professionnels de la P.G.A., de jouer le trou à la normale. Nul parmi nous ne sous-estime la valeur des coups requis dans la zone de marque: les coups cochés et les coups bombés.

Vous vous ferez une meilleure idée de l'importance de ces coups quand vous aurez calculé le nombre moyen de verts que vous jouez par tour réglementaire. Considérons qu'ils sont au nombre de neuf. Si vous arrivez à faire «lever et atterrir» la balle correctement chaque fois, vous épargnerez *neuf* coups.

LE COCHÉ

Le coché se joue près du vert, à 1 ou 2 m de la lisière et jusqu'à 9 m. Il est facile de se le représenter comme une extension du roulé. C'est pourquoi je trouve plus aisé de cocher en exécutant un coup qui ressemble fort à celui que j'utilise sur le vert. Je vous conseille de faire de même, que votre mouvement naturel fasse peu, raisonnablement ou énormément appel aux poignets. Vous pouvez même recourir à la prise du bâton réservée au roulé si vous la sentez mieux et qu'elle vous aide à frapper correctement la balle.

Il existe cependant une position de visée standard qui doit être apprise. Elle vous aidera à toujours frapper solidement et précisément la balle avec le bâton. Mettez-vous en position ouverte, avec un écartement des pieds fort réduit. Faites reposer la quasi-totalité de votre poids sur la jambe gauche. Serrez le bâton de manière à le maîtriser parfaitement,

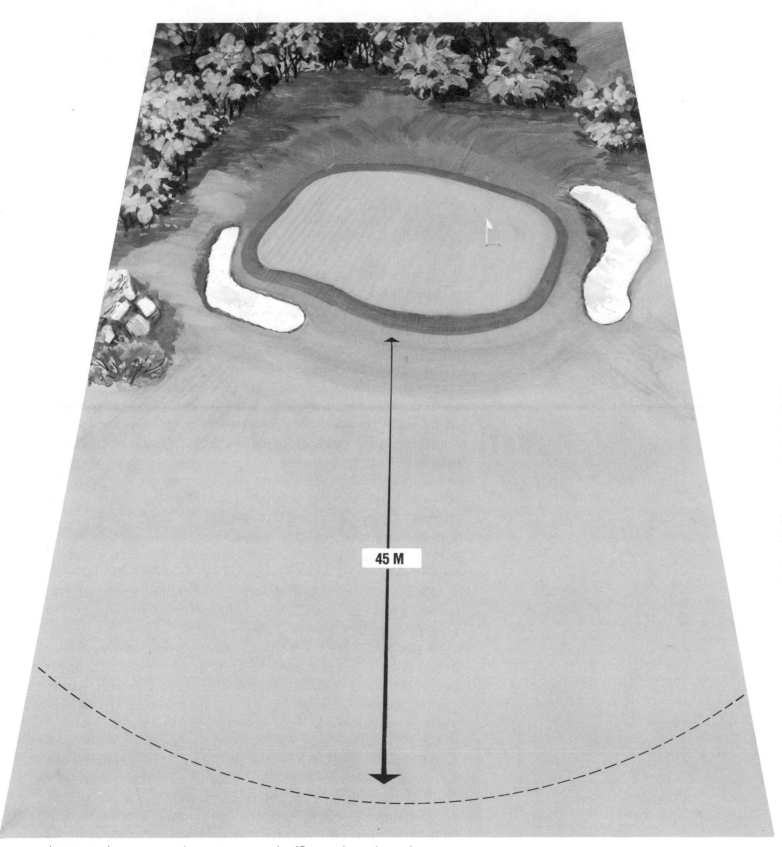

La zone de marque: dans un rayon de 45 m autour du vert.

placez-vous de manière que la balle soit bien en-deçà de la pointe du pied droit et, par contre, placez vos mains bien devant celle-ci. Vous devez sentir que votre position lors de la visée est stable, solide, mais que vous êtes néanmoins détendu. Lors de l'élan descendant, veillez à garder les mains bien en avant et à frapper la balle avant le sol, de façon à éviter de la «pelleter».

Bien que le coché soit le coup le plus délicat, si l'on met à part le roulé court, vous devez quand même veiller à ce que la tête du bâton *accélère* lors de l'impact. Rien n'est plus frustrant que d'exécuter un élan descendant mou et de cogner à peine la balle, parce que c'est en réalité un coup vraiment simple à jouer lorsqu'on a la bonne technique.

L'immobilité de la tête au cours des cochés et des bombés est tout aussi importante que lors des élans sans retenue. Ne la laissez donc pas se balancer ou fléchir.

Pour réussir un coché et placer la balle près du but, il faut arriver à faire retomber et rouler celle-ci le plus tôt possible. Je me «visualise» toujours en train de jouer de manière à faire atterrir ma balle sur le vert, à environ 60 cm de la lisière, puis en train de la regarder rouler à partir de là. Essayez toujours de faire atterrir la balle sur le vert, plutôt que de risquer un ralentissement de sa course dans les herbes ou un mauvais rebond.

Je recommande d'employer divers bâtons pour le coché, le choix se fondant sur la distance séparant la balle de la lisière du vert. À partir d'environ 2 m j'utilise un fer n° 4 et je monte d'un numéro tous les 2 m supplémentaires. En utilisant les bâtons de cette façon, vous aurez moins à vous préoccuper de faire varier la force de votre coup en fonction de la distance.

Essayez donc de vous servir de différents bâtons pour le coché. Vous exécuterez vos cochés plus facilement que si vous vous limitiez à un seul bâton.

Enfin, utilisez le fer-droit aussi souvent que possible, quand la balle est tout près du vert. Je trouve absurde qu'un joueur placé à 30 ou 60 cm du vert se serve d'un autre bâton que le fer-droit. Pourquoi? Parce que neuf fois sur dix un très mauvais roulé mène la balle aussi près du trou que le meilleur coché.

Si vous êtes placé à moins de 1 m de la lisière du vert, servez-vous du fer-droit et considérez le coup comme un long roulé. En éliminant la variable inhérente au coché que constitue le temps de vol, c'est-à-dire en gardant la balle au sol, vous la mènerez plus près du trou beaucoup plus souvent que vous ne le feriez avec tout autre bâton.

Pour un coché, prenez une position ouverte avec écartement des pieds fort réduit. Placez-vous de manière que la balle soit bien en-deçà de la pointe du pied droit. Placez les mains bien en avant de la balle.

Mon élan ascendant, tout comme mes coups roulés, fait appel aux poignets. Vous avez tout intérêt à cocher la balle avec un mouvement du même type que celui que vous utilisez pour les coups roulés.

Il est essentiel de faire accélérer la tête du bâton lors du mouvement descendant pour éviter de mal frapper la balle.

L'immobilité de la tête dans le coché est tout aussi importante que dans les élans non retenus. Attendez un moment après la frappe de la balle avant de relever la tête.

Les deux cibles: choisissez sur le vert une première cible qui corresponde à l'endroit où vous vous efforcerez de faire atterrir la balle, le trou devenant la deuxième cible.

LE BOMBÉ COURT

Plus vous êtes éloigné du vert, disons à environ 9 m ou davantage, plus vous vous trouvez hors de la zone où le coché vous serait utile; vous êtes dans la zone du bombé.

Alors que le coché est un proche parent du roulé, le bombé, lui, fait davantage appel aux bras et ressemble beaucoup à l'élan non retenu.

Pour jouer un bombé court, prenez une position ouverte, les pieds peu écartés (à peu près comme pour le coché), la quasi-totalité de votre poids reposant sur la jambe gauche. Prenez le cocheur d'allée et serrez-le bien afin de mieux le maîtriser; tenez-le de manière que l'angle de sa face soit un peu plus ouvert qu'il ne l'est déjà. Effectuez un élan ascendant court et sec puis faites accélérer vigoureusement la tête du bâton vers la balle, sans jouer des poignets lors de l'impact. Empêchez la main droite de rouler par-dessus la gauche, afin de garder la face du bâton ouverte pour la frappe de la balle. Il s'agit fondamentalement d'un élan qui ne met en jeu que les bras; faites donc un gros effort pour limiter à l'extrême le mouvement du corps, surtout celui des membres inférieurs.

Dans les bombés courts, pour envoyer la balle près du poteau, il faut planifier et visualiser votre coup du début à la fin.

UN COCHÉ CRUCIAL

J'ai remporté le tournoi des Maîtres de 1962, au Augusta National Golf Club d'Augusta, en Géorgie, en gagnant le dix-huit trous supplémentaire devant Gary Player et Dow Finsterwald. Le coup le plus important de ce tournoi et l'un des plus importants de ma carrière fut joué au dernier tour, au seizième trou, à normale 3.

Au tertre de départ, je savais être deux coups derrière Player et Finsterwald, ce dernier ayant déjà terminé son parcours avec une marque de 280. Le poteau se trouvait dans le coin arrière gauche du vert. J'ai donc envoyé ma balle légèrement de côté avec un fer n° 3. Elle atterrit à environ 3 m du vert.

De là, je devais effectuer un coché en descente. Il fallait absolument que la balle tombe au bon endroit et roule à la bonne vitesse pour s'approcher de la coupe. Je jouai un coché qui envoya la balle exactement à l'endroit de ma cible: elle roula jusque dans la coupe; j'avais réalisé un birdie. Je réussis ensuite un autre birdie au dix-septième trou, à normale 4, pour finir à égalité avec Player et Finsterwald. Le lendemain, je brisais l'égalité et remportais ma troisième victoire au tournoi des Maîtres.

Pour frapper un bombé court, placez vos pieds en position très ouverte, écartez-les très légèrement,
serrez le bâton et placez vos mains
de manière à ouvrir l'angle de face.

L'élan est surtout produit par les
bras, le mouvement du corps étant
réduit au minimum.

Au moment où la tête du bâton va faucher la balle, accélérez en maintenant les poignets fermes, en veillant à ne pas refermer l'angle de la face au moment de l'impact.

La tête du bâton devrait faire face au ciel durant le prolongé.

Essayez de voir le coup comme s'il y avait deux cibles pour mieux estimer la trajectoire de vol et le roulement au sol nécessaires. Je fais de l'endroit où j'aimerais que ma balle atterrisse la première cible et du poteau, la deuxième. En règle générale, la trajectoire de vol doit couvrir les deux tiers de la distance et le roulement au sol, le tiers restant.

En tenant compte de cette règle, déterminez l'endroit sur le vert où vous voulez voir la balle atterrir et faites tout votre possible pour l'y envoyer. Oubliez le poteau. Si votre balle tombe à l'endroit de votre première cible, elle roulera sans doute très près du trou.

LE BOMBÉ LONG

Le but du bombé long est de frapper une balle très haute, qui atterrisse en douceur et s'arrête rapidement près du poteau. La meilleure façon d'y arriver, c'est de prendre une position ouverte, les pieds légèrement écartés, mais un peu plus que pour le bombé court, le poids reposant principalement sur la jambe gauche.

LE BOMBÉ DE MA VIE

Le coup dont se souviennent la plupart des personnes quand elles évoquent ma victoire au British Open de 1961, disputé au Royal Birkdale, en Angleterre, est celui que j'ai joué avec un fer n° 6 dans les hautes herbes, au quinzième trou du dernier tour (voir page 173). Mais moi, je me souviens aussi d'un autre coup crucial, au troisième tour celui-là, un bombé qui ne me fit pas dépasser la normale, alors que mes précédents coups me permettaient d'envisager un sept ou huit coups.

Au seizième trou, à normale 4 et long de 364 m, je frappai trop fort mon deuxième coup. Un buisson situé derrière le vert arrêta ma balle. En me dirigeant vers celle-ci, je me faisais déjà à l'idée d'une pose injouable. Au premier coup d'œil, il me sembla que la seule façon de jouer consistait à plomber la balle, ce qui me faisait perdre un coup de pénalité. Le feuillage ne semblait présenter aucune ouverture vers le poteau. Comme j'étais sur le point d'abandonner, j'en remarquai cependant une petite, juste assez grande pour qu'une balle de golf puisse y passer.

Je pris mon cocheur de sable et en plaçai la tête en position si ouverte qu'elle faisait presque face au ciel.

J'effectuai ensuite un élan descendant puissant. La balle sauta presque à la verticale, tournoya et atterrit à quelques centimètres de la coupe. Mon adversaire, Kel Nagle, eut la gentillesse d'applaudir avec la foule.

Aujourd'hui encore je suis très fier de ce coup.

L'astuce pour obtenir une trajectoire haute en forme d'arche, c'est de garder les mains et les poignets fermes durant l'impact. Vous devriez alors avoir l'impression que la face du bâton glisse sous la balle, à travers l'herbe; vous ne devrez pas cependant arracher une trop grosse motte de gazon.

Il importe de réduire au minimum le mouvement du corps — ce coup aussi dépend essentiellement de l'élan donné par les bras.

Ce qui est probablement le plus difficile dans les bombés longs, c'est d'apprendre à varier les distances obtenues. Ceux qui pratiquent le base-ball connaissent bien la différence qui existe entre lancer la balle à 30 m et la lancer à 40 m.

Ce que j'appelle «l'exercice à différentiel de 10 m» est un bon moyen d'apprendre à «sentir» la distance des bombés longs. Je frappe cinq balles vers une cible, à une distance de 20 m, puis cinq à 30 m, cinq autres à 40 m et ainsi de suite, jusqu'à ce que je sois presque à la distance où je coche normalement. Ensuite, je le refais dans le sens inverse, jusqu'à ce que je revienne à mon point de départ.

En répétant cet exercice de temps à autre, vous finirez par conduire vos bombés beaucoup plus près de la cible.

L'ENTRAÎNEMENT AU JEU COURT

Les golfeurs professionnels consacrent une grande partie de leurs heures d'entraînement aux coups joués dans la zone de marque. Même s'ils excellent à frapper la balle, ils n'atteignent pas toujours le vert comme le prévoit le règlement, et un jeu court d'expert peut seul leur permettre d'éviter de jouer au-dessus de la normale quand ils ratent le vert.

Je vous conseille donc d'adopter la même attitude et d'allouer une bonne partie de vos heures d'entraînement à apprendre et à «sentir» les coups que requiert la proximité du vert.

Vous constaterez qu'un bon jeu court vous aidera à ne pas trop dépasser la normale, si le reste de votre jeu laisse à désirer, ou à obtenir une meilleure marque, si le reste de votre jeu est bon également.

10 Les coups roulés

Les coups roulés sont parmi ceux pour lesquels il existe le moins de règles. Il n'y a pas qu'une seule bonne façon d'utiliser le fer-droit, comme le prouve le très grand nombre d'as qui ont acquis la réputation d'exceller dans les coups roulés, alors que leurs styles et leurs stratégies varient considérablement. En conséquence, vous êtes libre de votre style, et je vous encourage à développer celui qui vous est le plus utile.

Tout au long de mes années de tournoi, j'ai pu remarquer de nombreux types de coups différents parmi les joueurs qui excellent aux coups roulés. Certains privilégient le mouvement des poignets, d'autres celui des bras et des épaules. Certains se placent près de la balle en position très droite, alors que d'autres se courbent très bas au-dessus de celle-ci. Personne ne peut prétendre que telle méthode est bonne ou que telle autre ne l'est pas, car il *n'y a pas* de bonne ou de mauvaise méthode en la matière. Par conséquent, personne ne peut non plus enseigner à quiconque la *bonne* méthode.

Ce que je peux faire, cependant, c'est vous livrer certains des points communs à tous les coups roulés des bons joueurs. Même si ce sont votre confort et votre préférence qui doivent déterminer votre type de coup roulé, vous devez absolument tenir compte des éléments dont je vais vous parler.

LES ÉLÉMENTS COMMUNS AUX BONS COUPS ROULÉS

Le premier élément commun, nous le connaissons déjà: l'immobilité de la tête. Au cours des élans complets, préserver l'immobilité de la tête contribue à ce que la face du bâton frappe la balle de plein fouet. Il en va de même pour les coups roulés.

Le contact franc du bâton sur la balle est nécessaire pour que celle-ci roule bien. S'il vous est arrivé de voir votre balle s'arrêter avant le trou, vérifiez l'immobilité de votre tête durant les coups: les mouvements de la tête sont la cause principale des roulés ratés. Efforcez-vous particulièrement de garder la tête immobile lors de l'impact et tout de suite après. Essayez de voir le fer-plat frapper la balle avant de relever la tête.

L'équilibre est un autre facteur dont tous les bons joueurs de coups roulés se préoccupent. Que la position de leurs pieds soit ouverte ou fermée, que l'écartement de ceux-ci soit large ou réduit, que leur posture soit droite ou fléchie, ces joueurs répartissent toujours leur poids sur les deux pieds, de façon à se sentir stables mais à l'aise.

En ce qui me concerne, je préfère me courber assez franchement et prendre une position alignée avec un écartement des pieds plutôt réduit. Vous êtes libre d'adopter la position qui vous convient, pourvu que votre équilibre soit bon. Si votre corps est instable ou s'il se déplace durant le coup, il vous sera presque impossible de donner à la balle la trajectoire que vous souhaitez.

Le dernier élément essentiel, c'est l'habileté du golfeur à garder les *deux* mains orientées vers la cible durant et juste après l'impact, tout en maintenant ferme le poignet gauche. Lors de la visée, que votre poignet gauche soit plié ou qu'il forme une ligne droite avec l'avant-bras, selon votre choix, vous ne devez toutefois en aucun cas le laisser fléchir lors de l'impact. Vous devez arriver à cette impression que vos deux mains, travaillant de concert, *tirent* la tête du bâton à travers la balle. C'est ainsi que vous pourrez déplacer le bâton selon la trajectoire voulue.

LES PRISES POUR LE ROULÉ

La prise du bâton pour le roulé varie énormément d'un joueur à l'autre. De nombreux golfeurs adoptent pour le roulé une prise différente de celle qu'ils utilisent dans les coups à élan complet parce qu'ils recherchent une prise qui les aide à mieux «sentir» le bâton ou à exécuter le type de coup qu'ils préfèrent.

Dans la prise juxtaposée, comme son nom l'indique, les dix doigts serrés sont alignés les uns contre les autres: le joueur sent davantage le bâton et le feed-back est ainsi amélioré.

Dans la prise superposée inverse, dont certains m'attribuent la popularité, on place l'index gauche soit sur l'auriculaire droit, soit en travers et au-dessus de tous les doigts de la main droite. Cette prise aide à freiner le mouvement des poignets et à garder rigide le poignet gauche durant tout le coup. C'est sans doute la prise utilisée le plus couramment de nos jours pour effectuer les coups roulés.

Toutefois, les grands joueurs particulièrement connus pour

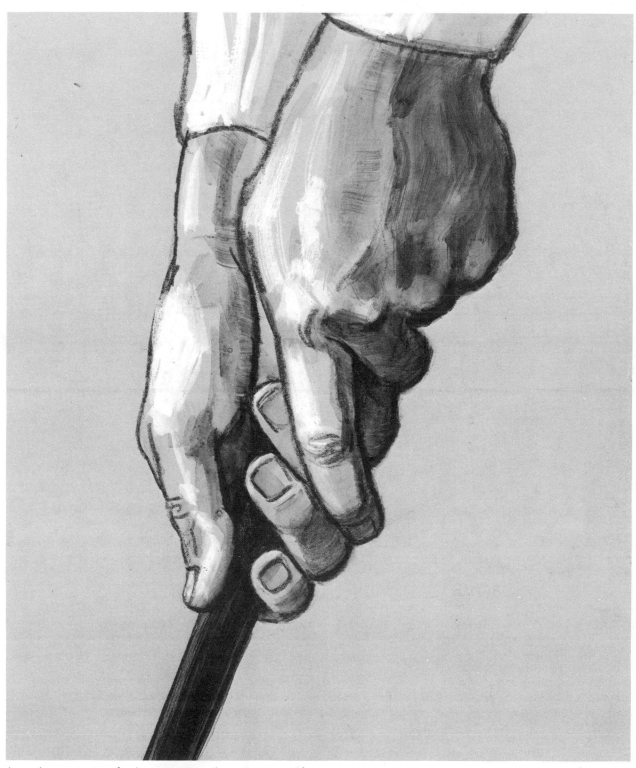

La prise superposée inverse pour les coups roulés.

Comme l'équilibre est essentiel aux bons coups roulés, veillez à écarter suffisamment les pieds pour être solide sur vos jambes.

L'immobilité de la tête est tout aussi importante pour les coups roulés que pour les coups à élan complet: elle aide à garantir que la face du bâton frappera la balle de plein fouet.

Gardez les deux mains orientées vers la cible pendant et juste après l'impact, tout en maintenant le poignet gauche rigide.

Gardez la tête baissée et le corps immobile bien après l'impact.

Vu sous cet angle, vous pouvez re-marquer à quel point je garde les mains près du corps durant le coup. Choisissez l'éloignement des mains qui vous paraît le plus confortable.

Au cours de l'élan descendant, je fais en sorte que mes mains tirent le bâton à travers la balle et travaillent de concert.

Au cours du prolongé, continuez de déplacer la tête du bâton le long de la ligne de visée.

Ne relevez la tête que bien après que la balle ait été frappée.

leurs coups roulés ont recouru à toutes sortes de prises. Le regretté Bobby Locke se servait de la prise superposée standard. Il ne jugeait pas nécessaire de modifier sa prise pour le roulé. Byron Nelson, quant à lui, combine les prises superposées standard et inverse. Il place l'auriculaire droit sur l'annulaire gauche et l'index gauche sur les trois premiers doigts de la main droite. Il replie ensuite le bout du pouce droit.

Dans le circuit de la P.G.A., il existe aujourd'hui d'excellents joueurs qui ne recourent pas à la prise superposée inverse. Hubert Green réussit très bien au moyen d'une prise dans laquelle la main droite est séparée de la gauche et placée beaucoup plus bas que cette dernière. Bruce Lietzke utilise une prise croisée, la main gauche sous la main droite. Bernhard Langer recourt à la prise superposée inverse pour les roulés longs et à la prise croisée pour les roulés courts.

Quelle que soit la prise que vous adoptiez, n'ayez pas peur de tenter des expériences: déplacez un doigt ici ou là jusqu'à ce que vous vous sentiez à l'aise avec la prise choisie. Éventuellement vous inventerez même votre propre prise pour les roulés. Alors que tout le monde doit apprendre la prise correcte requise pour les coups à élan complet, c'est le confort et l'utilité qui déterminent le type de prise pour les coups roulés.

LA STRATÉGIE DU ROULÉ

La stratégie du roulé est analogue à celle du jeu dans son ensemble. Elle consiste à établir un plan sur le vert de manière à faire tomber la balle dans la coupe en jouant le moins de coups possible. Tout comme il vous arrivera rarement, sinon jamais, de devoir effectuer deux fois le même coup du tertre de départ au vert, il en sera de même pour le roulé: chacun est différent des précédents en termes de courbe, de longueur et de vitesse. Ces variables expliquent pourquoi le bon joueur de coups roulés doit non seulement avoir une bonne technique de frappe, mais doit également bien réfléchir et se concentrer.

Je tiens à vous faire part de mes théories sur la stratégie du roulé afin que, lorsque vous jouerez sur le vert, vous éliminiez les trous en trois coups et arriviez plus souvent à empocher la balle en un seul coup.

LES ROULÉS LONGS

Réfléchissez aux variables dont nous venons de parler: la longueur, la vitesse, la courbe. L'importance de ces variables augmente proportionnellement à la longueur du roulé. Sur les verts dont la surface est fort ondulée, la trajectoire de la balle peut dévier jusqu'à trois fois avant que celle-ci n'atteigne le trou. Votre objectif dans les roulés longs devrait être d'empocher la balle en deux coups, plutôt que de tenter le coup unique. Même les professionnels, qui envoient souvent la balle dans la coupe en un seul coup roulé, se donnent presque toujours un objectif de deux coups quand ils se trouvent à 10 m ou plus de la coupe.

Quand j'exécute un long roulé qui envoie la balle directement dans le trou, je me dis toujours que j'ai eu beaucoup de chance. Il ne faut pas se leurrer, la coupe constitue une bien petite cible, surtout quand on frappe la balle d'une distance de 15 m. Cela m'amuse de voir certains joueurs se désespérer de ne pas avoir empoché la balle à cette distance. Toutefois, ceux-ci *auraient raison* de le faire si leur premier coup roulé avait envoyé la balle à plus de 1 m de la coupe. Donc, si habituellement votre premier coup roulé envoie toujours la balle à moins de 1 m de la coupe, cessez d'être impitoyable avec vous-même et considérez que ce coup est réussi.

Si, sur le vert, il vous arrive souvent de devoir frapper la balle trois fois avant qu'elle ne tombe dans la coupe parce que votre premier coup est systématiquement raté, essayez de voir la cible comme un plus grand trou, en l'entourant d'un cercle imaginaire de 2 m de diamètre. Si vous parvenez du premier coup à placer votre balle à l'intérieur de ce cercle, votre deuxième coup sera relativement aisé à réussir. Appliquez-vous surtout à faire rouler la balle sur la bonne distance. La courbe importe moins qu'auparavant, car votre trou a maintenant 2 m de diamètre. Le plus difficile, c'est de frapper la balle avec juste assez de force pour qu'elle s'arrête dans le grand cercle. Bien sûr, plus vous centrerez la balle à l'intérieur de ce cercle, plus vous l'empocherez fréquemment.

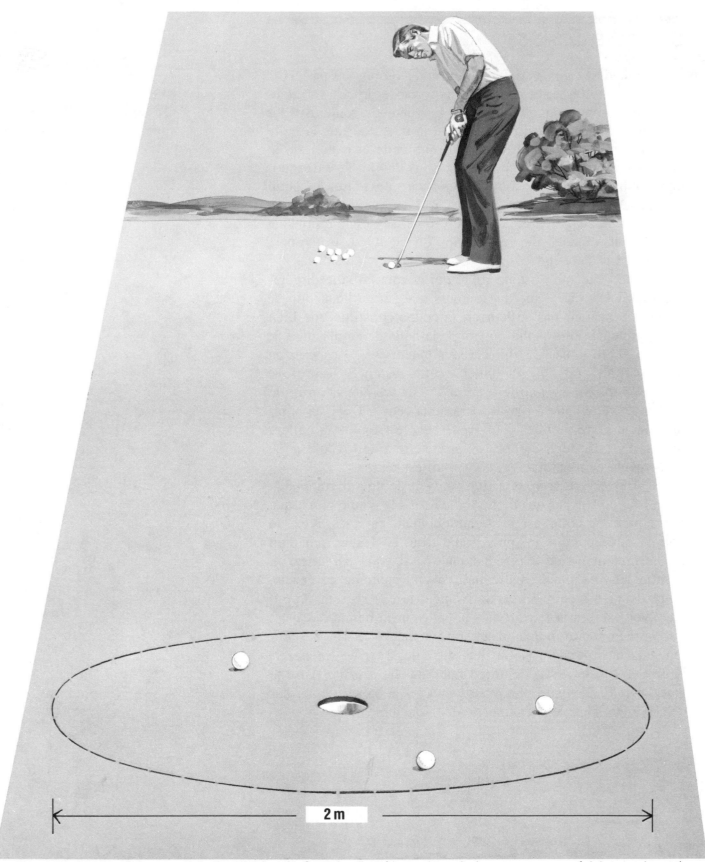

En prenant pour cible un cercle imaginaire de 2 m de diamètre autour de la coupe, vous réduirez sur le vert le nombre de vos trous en trois coups.

LE MEILLEUR BIRDIE DE BILLY CASPER

Au dernier tour de l'U.S. Open de 1966 à l'Olympic Club de San Francisco, j'avais sept coups d'avance sur Billy Casper alors qu'il me restait encore neuf trous à jouer. Au quinzième trou, mon avance n'était plus que de cinq coups. Cependant, cela me semblait suffisant pour que je finisse la partie en beauté. J'avais encore la possibilité de finir avec 275, battant ainsi le record en omnium détenu par Ben Hogan avec 276.

Le quinzième trou, à normale 3, mesurait 132 m. Le vert était légèrement surélevé et entouré de fosses de sable. Le poteau se trouvait complètement sur la droite: Billy joua donc sans prendre de risques, avec un fer n° 7, et plaça la balle en plein sur le vert, à gauche. Préoccupé par le record de Hogan que je voulais battre, je tentai le coup «parfait» — droit sur la coupe. Si la balle avait atterri 2 cm un peu plus à gauche de son point de chute, elle aurait rebondi vers la gauche et se serait arrêtée tout près du trou, me donnant ainsi une bonne chance de réaliser un birdie. Mais ce ne fut pas le cas. La balle débaula lentement dans la fosse de sable, à droite du vert. Je frappai donc un bon coup éjecté qui envoya la balle à 2,50 m du poteau. Puis Billy s'exécuta. À 6 m, il visa bien à gauche, anticipant la déviation de la balle, et réussit un birdie. Je ratai ensuite mon coup roulé et m'aperçus, alors seulement, que Casper pouvait me rattraper.

C'est ce qu'il fit: il y eut d'abord égalité à 278, puis, il me battit en prolongation 69 à 73.

EMPOCHER LA BALLE AVEC OU SANS REBOND

Il existe essentiellement deux façons de faire rouler la balle, une fois atteinte la zone dans laquelle empocher la balle devient l'objectif et la coupe, la cible.

On peut faire rouler la balle vers la coupe avec juste assez de vitesse pour qu'elle se rende à destination et bascule simplement dans le trou. On a alors peu de latitude quant au choix de la vitesse et de la déviation.

L'avantage de cette méthode, c'est que la coupe entière constitue la cible. La balle n'a qu'à arriver sur l'un des bords de la coupe pour basculer dedans. Il y a peu de chances qu'elle frappe le bord de la coupe et poursuive sa trajectoire.

Un autre avantage de cette méthode, c'est que si vous ratez votre coup, vous serez presque toujours à une faible distance de la coupe pour jouer le coup suivant.

La deuxième façon de faire rouler la balle, c'est de prendre comme cible la paroi arrière de la coupe et de frapper la balle fermement pour qu'elle y rebondisse. Cette méthode est depuis longtemps ma préférée et je pense qu'elle constitue une des caractéristiques de mon jeu. Comme j'ai toujours privilégié un jeu vigoureux du té jusqu'au vert, ce style dynamique de coup roulé me vient naturellement.

Empocher la balle avec un rebond permet au joueur de concentrer son attention sur une cible particulière — la paroi arrière de la coupe — et d'essayer de l'atteindre en frappant un coup agressif. Point n'est besoin de se préoccuper d'avoir frappé à la vitesse exacte ou d'avoir parfaitement prévu la courbe. Presque chaque fois la balle tombera dans la coupe.

Par contre, l'inconvénient de cette méthode, c'est que si la balle n'arrive pas droit sur la paroi de la coupe, elle risque fort de rebondir sur le bord du trou et de poursuivre sa course. De plus, si c'était le cas, vous devriez effectuer un deuxième coup en général beaucoup plus long que si vous aviez tenté d'empocher la balle directement, sans rebond.

Assez paradoxalement, ma réputation quant à l'excellence de mes coups roulés provient en partie du fait que, au cours de ma carrière, j'ai réussi un grand nombre de ces coups à une distance de 2 à 2,50 m. Si j'ai dû jouer tant de coups roulés à cette distance, c'est qu'au coup précédent j'avais fait rouler la balle trop loin en tentant un rebond sur la paroi arrière de la coupe.

Il n'est pas nécessaire de frapper la balle avec beaucoup de force pour réussir les coups roulés avec rebond. Je m'arrange toujours pour que, si mon premier coup est raté, la balle ne parte pas au-delà de 1 m de la coupe.

La méthode que vous choisirez sera probablement le reflet de votre style de jeu du tertre de départ jusqu'au vert. Les golfeurs dont le jeu est naturellement agressif choisissent généralement d'empocher la balle avec rebond. Les autres essaient simplement de faire basculer la balle dans la coupe.

Rappelez-vous ceci: l'objectif ultime est d'empocher la balle en jouant le moins de coups possible. Quel que soit le style qui vous réussisse, vous ne devriez pas en changer.

LES ROULÉS COURTS

Si la balle est placée à environ 1,50 m du trou, il s'agit d'effectuer un roulé *court*.

Que vous choisissiez d'empocher la balle avec ou sans rebond, j'ai toujours pensé que, pour les coups roulés courts, c'est en frappant fermement la balle vers la paroi arrière de la coupe que l'on réussissait le plus souvent à l'empocher. Les possibilités de faire mouche sont excellentes étant donné la

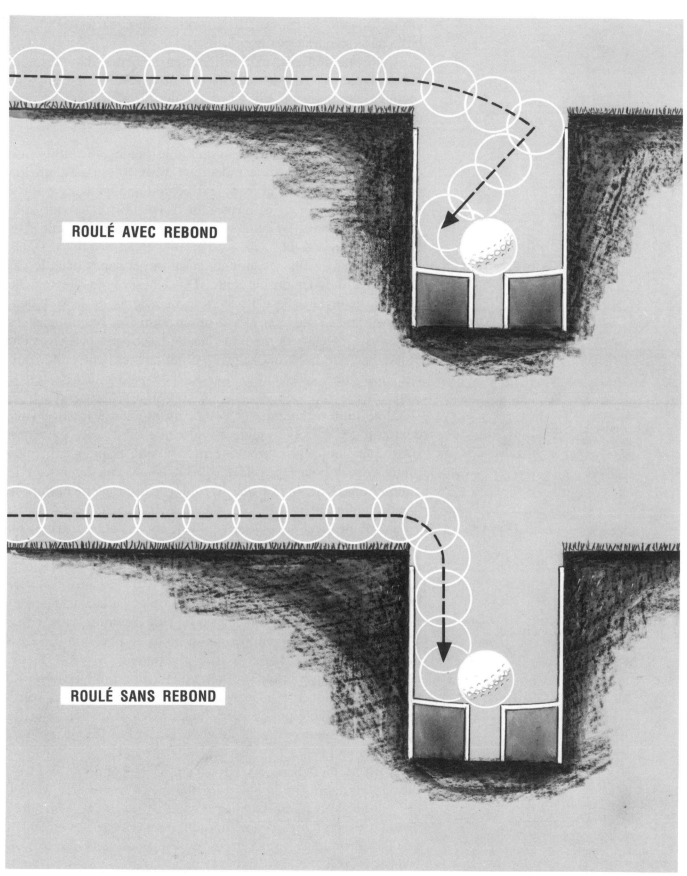

ROULÉ AVEC REBOND

ROULÉ SANS REBOND

Les deux façons d'empocher la balle.

courte distance à couvrir. Et si vous manquiez le trou, votre balle ne se rendrait pas trop loin.

Cette méthode est particulièrement efficace dans les roulés dénivelés, c'est-à-dire ceux que l'on effectue sur une pente inclinée latéralement. Elle vous permet de moins vous préoccuper de la déviation et de concentrer votre attention sur la coupe.

Lorsque la balle doit remonter une pente, un roulé court exécuté énergiquement est d'autant plus intéressant que la dénivellation surélève la paroi arrière de la coupe par rapport à la paroi avant et vous offre un mur d'arrêt. Efforcez-vous toujours de tirer parti de cette situation en frappant la balle d'un coup sec et énergique.

Cependant, cette recommandation ne vaut pas dans le cas des roulés à jouer en descente. Dans ces cas-là, j'essaie de faire basculer la balle dans le trou, de crainte de la voir descendre toute la pente si je rate mon coup. En outre, dans les roulés en descente, la paroi arrière de la coupe est légèrement plus basse que la paroi avant; en conséquence, une balle frappée trop énergiquement risque fort de passer par-dessus le trou.

Voici une technique qui vous sera précieuse lorsque vous devrez jouer un roulé rapide en descente: à la visée, faites en sorte que l'impact se produise non pas au point idéal, mais plutôt vers le bout avant du fer-droit. Ainsi, vous amortirez le coup et empêcherez la balle de rouler trop rapidement vers le bas de la pente.

Le point idéal se situe à l'endroit sur la face du bâton où l'impact sera le plus solide. Mais ce n'est pas toujours le centre exact du fer.

Pour trouver le point idéal de votre fer-droit, tenez l'extrémité de la poignée entre le pouce et l'index gauches et laissez pendre la tête du bâton, la face orientée vers vous. Tapez la face doucement avec la jointure de l'index droit. Il se peut que la tête du bâton tourne légèrement. Si c'est le cas, continuez de taper jusqu'à ce que vous ayez trouvé l'endroit où vous pouvez le faire et provoquer le balancement de la tête sans qu'elle pivote pour autant. Vous aurez alors découvert le point idéal, l'endroit de la face du bâton qui devra toujours frapper la balle.

Il est toujours bon de vérifier l'emplacement du point idéal, même si le fabricant du bâton l'a marqué. Il arrive en effet que ces marques ne soient pas justes. Si c'est le cas de votre fer-droit ou s'il ne porte aucune marque, pourquoi ne pas coller un peu de ruban adhésif sur son point idéal pour vous rappeler où frapper la balle.

UN DÉNIVELÉ D'UN MÈTRE ET DEMI

Au soixante-douzième trou du tournoi des Maîtres de 1960, tout ce qui me séparait de la victoire était un dénivelé de 1,50 m. Ken Venturi, installé dans le chalet, surveillait la partie, soucieux de mon résultat car, si je ratais mon coup, nous devions jouer la prolongation sur dix-huit trous le lendemain.

J'avais entrepris le deuxième tour avec un coup d'avance sur Venturi et deux sur Dow Finsterwald. Mais, une fois arrivé au dix-septième trou, à normale 4, j'avais perdu mon avance et m'étais retrouvé derrière Venturi avec un coup de retard. Venturi avait terminé le tour cinq coups sous la normale. Un birdie réussi à 10,50 m du trou me plaça alors à égalité avec Venturi.

Au dix-huitième trou, je n'avais aucune envie d'égaliser. Je décochai puissamment alors que je jouais dans le sens du vent. Puis, au moyen d'un fer nº 6, je plaçai la balle à 1,50 m du poteau.

À ce moment-là, le coup roulé que je devais exécuter était sans doute le plus important de ma carrière: j'étais très nerveux. Je projetai une courbe de 7 à 10 cm de gauche à droite. Je frappai doucement la balle et la vis entrer par la gauche dans la coupe. C'était ma deuxième victoire au tournoi des Maîtres.

LA PSYCHOLOGIE DES ROULÉS COURTS

Le roulé court peut constituer l'une des parties du jeu qui fasse le plus appel à la maîtrise de soi. En raison de la courte distance à couvrir, tous les golfeurs, professionnels comme amateurs, veulent le réussir et sentent qu'on *attend d'eux* qu'ils le réussissent. Le joueur qui manque le trou croit qu'il a raté un coup facile et se dit en lui-même: «Il ne t'a fallu qu'un coup de décocheur pour envoyer ta balle à 200 m dans l'allée, alors qu'il t'en a fallu *deux* avec le fer-droit pour empocher ta balle à seulement 1 m du trou. *Comment* as-tu pu rater ton coup ainsi?»

Bien sûr, il faut vous efforcer de ne pas rater vos roulés courts, car cela vous coûtera chaque fois un coup de plus; mais ne vous attendez pas non plus à les réussir tous.

Ne soyez pas trop sévère avec vous-même quand vous en ratez un. Il est sûr que cela se produira. Mais n'aggravez pas la situation en laissant votre erreur entamer votre confiance en vous-même.

D'une part, rien ne renforce davantage votre confiance en vous-même que d'empocher brillamment la balle dès vos deux premiers roulés de 1 m. Un beau début de partie! Vous vous

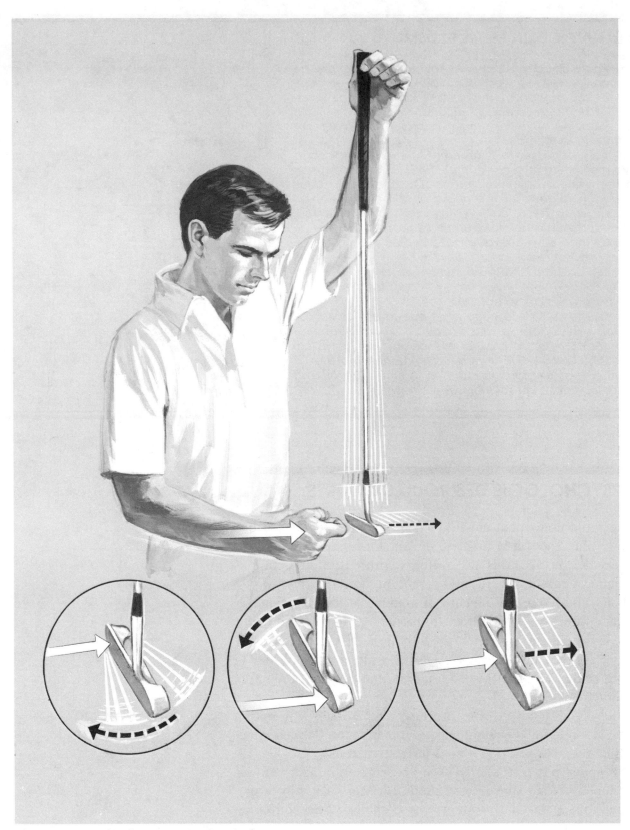

Trouvez le point idéal de votre fer-droit.

approchez du vert suivant, vos deux dernières balles plongeant dans le trou en mémoire. Il est probable que vous réussirez également ce roulé-ci. La confiance en soi a tendance à faire boule de neige.

D'autre part, rien ne détruit davantage votre confiance que rater les deux premiers roulés courts. Vous avancez avec hésitation près du vert suivant, vos derniers échecs en tête, incapable de concentrer votre attention sur le coup à frapper. Vous finissez par le rater, essentiellement parce que vous aviez peur de le rater.

Il peut quelquefois vous arriver de perdre confiance en vous-même au point de devenir victime de votre propre découragement. Vous avez tellement peur de rater les roulés courts que vous êtes physiquement incapable de bien frapper.

Le meilleur conseil que je puisse vous donner au cas où vous auriez perdu confiance en vous-même, c'est de vous rendre sur le vert d'entraînement pour la regagner. Essayez quelque chose de nouveau: une variation de la prise ou une légère modification de la visée, quelque chose qui vous procure une nouvelle sensation, qui vous redonne confiance.

Travaillez à renforcer votre confiance en vous; utilisez l'effet «boule de neige». Dites-vous que vous ne quitterez le vert qu'après avoir empoché successivement quinze roulés de 1 m, puis dix de 1,20 m et cinq de 1,50 m. Si vous réussissez cet exercice plusieurs fois de suite, vous aurez une toute nouvelle perspective la prochaine fois que, sur le terrain, vous serez confronté à un roulé court, croyez-moi!

LA LECTURE DU VERT

Les coups roulés deviendraient certainement plus simples si tous les verts étaient plats: chaque balle roulerait en suivant une parfaite ligne droite. Mais, en réalité, il est très rare de se retrouver devant un vert qui n'entraînera aucune déviation de la trajectoire de la balle, ou qui ne comporte ni montée ni descente.

La ligne du roulé sera presque toujours affectée par les pentes ou les ondulations du sol. Cet effet est encore plus important pour les coups roulés que pour tout autre coup au golf, parce que le déplacement de la balle, de la face du bâton au trou, se déroule exclusivement sur le sol.

Un certain nombre de variables peuvent affecter la vitesse de la balle et la ligne du roulé. Plus vous serez capable de déterminer comment le roulé peut agir sur ces variables, meilleures seront vos chances d'empocher la balle. Vous pourriez avoir la meilleure technique de frappe pour le roulé, si vous ne savez pas à quelle vitesse frapper la balle et si vous ne pouvez prédire comment tel ou tel coup va dévier, vous ne réussirez guère vos roulés.

La déviation

En tout premier lieu, j'essaie de déterminer la direction dans laquelle la balle déviera, en raison de l'inclinaison de la surface comprise entre ma balle et la coupe. Si l'inclinaison va de gauche à droite, la balle déviera de gauche à droite, et vice versa.

Voilà qui est simple et net. Le truc, toutefois, c'est de déterminer le degré de déviation ou, quelquefois, la direction de la pente. Ce n'est pas toujours facile, surtout quand le vert présente bosses et ondulations.

Normalement, pour déterminer la déviation, je m'accroupis derrière la balle et je juge à l'œil l'angle de la pente. Je cherche même à me faire une idée générale de cette pente quand, dans l'allée, je m'approche du vert. Vous constaterez comme moi qu'un coup d'œil à distance donne souvent une meilleure idée de l'inclinaison et de la topographie du vert que si vous étiez collé dessus. Cette brève analyse du vert vous sera utile dans les moments d'hésitation.

Vous aurez parfois à exécuter vos roulés sur des verts où la déviation sera double. Il vous faudra alors choisir deux cibles, la première étant le point où vous pensez que la deuxième déviation commencera. S'il est difficile de juger à l'avance d'une déviation, vous pouvez vous imaginer ce qu'il en est quand il y en a deux. Par conséquent, jouer un coup roulé à double déviation et placer la balle près du trou tient de l'exploit.

La montée et la descente

Il faut aussi tenir compte de l'orientation de la pente, vers le haut ou vers le bas, puisque cela a un effet direct sur la vitesse de la balle.

Bien entendu, une montée ralentira la vitesse de la balle, alors qu'une descente l'accélérera. Si cela semble être l'évidence même, laissez-moi vous dire ceci: j'ai souvent vu des joueurs si occupés à déterminer la déviation qu'ils en oubliaient de prendre en considération le caractère ascendant ou descendant de la pente.

Rappelez-vous que si la pente du vert est ascendante, vous bénéficiez de ce que l'arrière de la coupe est légèrement surélevé par rapport à l'avant; prenez donc sans hésitation

Pour déterminer la déviation, je préfère m'accroupir derrière la balle et juger à l'œil des caractéristiques de la pente.

l'arrière de la coupe pour cible et frappez franchement la balle dans cette direction. Si la pente est descendante, la balle peut facilement rouler par-dessus le trou; une approche en douceur de la coupe est alors recommandée.

Le grain

Le *grain* du gazon est une autre variable qui a un effet direct, quoique subtil, sur la vitesse et sur le degré de déviation du roulé. On entend par «grain» du gazon la direction dans laquelle poussent les brins d'herbe. Cet élément de la technique du roulé est trop souvent ignoré par les joueurs.

Si le grain est dans le sens de la déviation, cette dernière sera plus importante que prévu, et vice versa. De même, si le grain va dans le sens du trou, la vitesse du roulé sera plus grande, et vice versa.

Trouver le sens du grain n'est pas toujours facile, étant donné la densité du gazon. Il existe plusieurs façons d'y arriver.

Regardez la surface du vert. Si elle brille, c'est que le gazon pousse dans le sens opposé à votre position. Si elle est mate, c'est le contraire.

Le gazon a aussi tendance à pousser en direction de l'eau. Cherchez donc les étangs ou autres pièces d'eau qui pourraient vous aider à déterminer le sens du grain.

Observez aussi le contour du vert, car le gazon pousse vers le bas des pentes, dans le même sens que l'écoulement des eaux.

Si le sens du grain vous laisse encore perplexe, voici un dernier truc. Regardez le rebord de la coupe: là, les brins d'herbe devraient pendre légèrement au-dessus du trou, indiquant ainsi le sens du grain.

Après la lecture

Une fois que vous aurez déterminé le profil de votre roulé en fonction de l'influence d'un ensemble particulier de variables sur un vert donné, ayez confiance en vos conclusions et concentrez votre attention à jouer un bon coup. L'indécision mène toujours à la décélération, même dans les coups roulés, ce qui entraîne invariablement les coups médiocres.

En ce qui me concerne, je préfère manquer mon coup avec assurance que de faire une faible et hésitante tentative qui n'a aucune chance de réussir. L'indécision entame la confiance en soi. Croyez donc en l'évaluation que vous avez faite et foncez.

LA VISUALISATION DU ROULÉ

Il est tout aussi important de visualiser vos roulés que vos autres coups. «Sentez» le fer-droit dans vos mains, le rythme du coup, le clac lors de l'impact. Imaginez la balle qui roule le long de la ligne prévue, qui dévie là où vous l'aviez imaginé et qui tombe dans la coupe. J'aime à croire que la balle est prisonnière de rails qui mènent vers le trou; quand je la frapperai, ils la conduiront directement dans la coupe.

S'il vous est difficile d'imaginer la ligne de vos roulés, essayez de vous rendre sur le terrain d'entraînement quand la rosée n'est pas encore évaporée. Vos roulés laisseront des traces distinctes dans l'herbe mouillée, vous donnant des images précises qui vous serviront par la suite.

On ne peut trop souligner l'importance des représentations mentales. Vous pouvez recourir à mon image de la balle reposant sur des rails. Ou imaginer toutes vos balles roulant sur de l'herbe mouillée. Vous pouvez même inventer autre chose; par exemple, que la trajectoire de votre balle vers le trou est d'une couleur que vous aimez: or, rouge, que sais-je? La nature de l'image mentale que vous créez importe peu; il suffit que vous en trouviez une qui vous convienne et que vous l'*utilisiez*.

Visualisez chacun de vos roulés, les longs comme les courts. *Voyez* la balle entrer paresseusement à l'intérieur du cercle imaginaire ceignant le trou, décrivant ainsi la trajectoire que vous aviez prévue avant de frapper un long roulé. *Entendez* la balle heurter l'arrière de la coupe pour ensuite en frapper le fond, ce son concrétisant la réussite du roulé court que vous aviez planifié.

Dans les roulés, vous acquerrez une nouvelle confiance en vous si la visualisation devient partie intégrante de votre préparation. S'il y avait un secret pour réussir les coups roulés, ce serait la visualisation.

LES ROULÉS SONT À LA PORTÉE DE TOUS

Pour exceller aux roulés, point n'est besoin d'être habile ni d'être fort. Il n'est pas donné à tout le monde de pouvoir décocher la balle à 240 m, mais n'importe qui, le plus grand comme le plus petit, peut mettre au point une excellente technique de roulé, s'il y travaille un peu. J'ai vu des golfeurs qui pouvaient à peine décocher la balle à 135 m et qui pourtant excellaient dans les coups roulés, parce qu'ils avaient pris le temps de les travailler.

J'ai aussi vu des golfeurs qui frappaient bien la balle

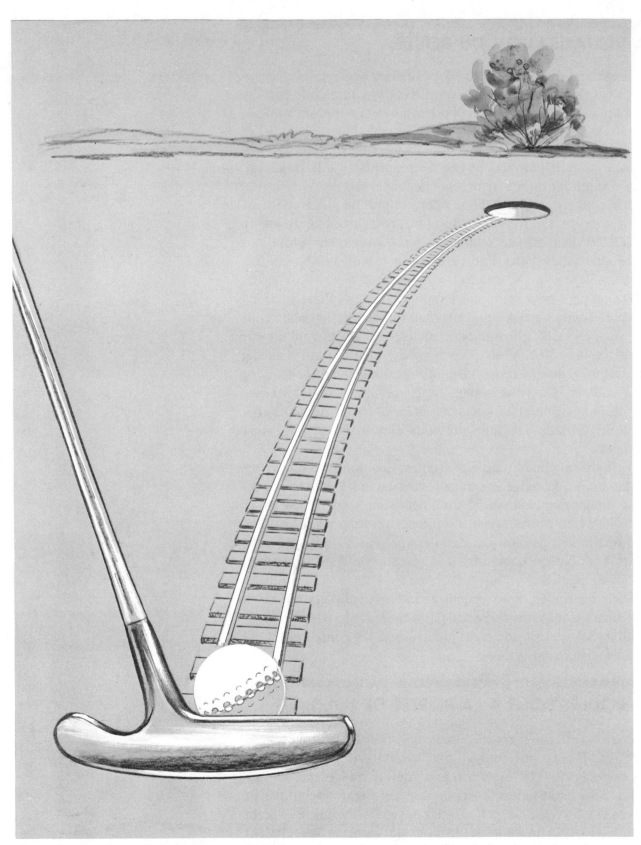

Pour visualiser le roulé, imaginez que la balle roule sur des rails qui mènent directement au trou.

jusqu'au vert, mais qui utilisaient fort mal le fer-droit, ce qui les frustrait énormément. La plupart des joueurs victimes de ce déséquilibre dans leur jeu consacrent trop de temps aux coups longs, au détriment des coups roulés.

Quand on y réfléchit, on se rend compte que l'on dispose de 36 coups roulés par parcours de 18 trous. Cela représente la *moitié* des coups auxquels on a droit sur un terrain à normale 72. Ce calcul élémentaire devrait à lui seul vous convaincre de l'importance des roulés pour votre marque.

La prochaine fois que vous jouerez, comptez le nombre de roulés que vous frappez. S'il dépasse 36, c'est que votre technique du roulé a besoin d'être travaillée. Il se peut aussi que vous ayez besoin de vous entraîner au jeu court. Ou que ce grand nombre de roulés tienne au fait que, lorsque vous êtes dans la zone de marque, vous ne placez pas la balle dans la zone d'«un seul roulé nécessaire».

Bien réussir vos roulés peut vous aider à compenser vos lacunes dans d'autres parties de votre jeu; c'est souvent ce qui permet à des frappeurs moyens à la décoche de devenir de bons marqueurs, et à de bons joueurs à la décoche de devenir d'excellents marqueurs. Il se peut que votre décoché erre de temps à autre ou que votre coup d'approche soit médiocre. Mais vous pourrez toujours vous rattraper avec un ou deux bons roulés.

TROISIÈME PARTIE

LA STRATÉGIE

Jouer de l'excellent golf ne consiste pas seulement à bien frapper la balle, encore faut-il avoir une bonne marque. Or celle-ci dépend en grande partie de la façon dont vous combinez vos propres talents et techniques pour attaquer le parcours. Chaque joueur, quel que soit son niveau, doit à tout moment disposer d'une stratégie bien définie, c'est-à-dire d'un plan de jeu pour un trou donné. En fait, la stratégie n'est qu'une autre forme de visualisation. Grâce à un plan clair, vous réussirez souvent ou serez au moins sur le point de réussir. Sinon, si vous jouez sans stratégie précise, la balle atterrira n'importe où sur le terrain.

La stratégie peut être essentiellement de trois types.

Le premier pourrait s'appeler *jouer l'audace*, parce que c'est un style de jeu agressif où on prend beaucoup de risques en vue d'obtenir une bonne marque.

Le deuxième type de stratégie est le contraire du premier. Je l'appelle *refuser tout risque*, parce qu'il s'agit d'éviter les difficultés à tout prix, jusqu'au point de frapper la balle en dehors du vert.

Le troisième type de stratégie, *jouer la prudence*, est en fait une combinaison des deux autres: on prend pas mal de risques, tout en restant vigilant.

11
Un jeu intellectuel

ADAPTEZ VOTRE STRATÉGIE À VOS CAPACITÉS

Ce qui compte le plus dans le choix d'une stratégie, c'est d'opter pour celle qui convient à vos capacités et à votre personnalité.

Nous tomberions tous d'accord sur le fait qu'une excellente stratégie sur la plupart des trous à normale 4 consisterait à décocher la balle à 250 m en plein milieu de l'allée, à la rapprocher ensuite du poteau au moyen d'un fer court, puis à réussir le birdie. Mais combien de joueurs peuvent s'attendre de façon réaliste à réussir cela? Il faudra donc tirer le meilleur parti de ses possibilités, *ajuster sa stratégie à ses capacités*.

J'ai connu un joueur au cours d'un omnium qui illustre à merveille ma théorie selon laquelle il faut planifier sa stratégie en fonction de son habileté au jeu.

Le joueur en question ne connaissait qu'une stratégie, celle qui consiste à frapper la balle le plus loin possible du té et à toujours viser le poteau, où qu'il se trouve et quel que soit son environnement. Pour un joueur de deuxième année, il connaissait assez bien la mécanique de l'élan mais, à mon avis, il ne savait absolument pas comment planifier son jeu sur le parcours.

Toute la journée, je le vis sortir son décocheur et viser chaque drapeau, quels que fussent les obstacles le protégeant. Bien entendu, il ne connut que des ennuis.

«Si seulement je pouvais réussir un bogey», se lamentait-il en frappant son septième coup au quatorzième trou, à normale 4.

Je ne lui dis rien. Cependant, au tertre de départ suivant, sur un trou à normale 5 dont la zone de décoche était particulièrement étroite, je remarquai qu'il avait sorti son décocheur. Je lui demandai où il comptait décocher sa balle. Il me regarda d'un air perplexe et me répondit: «Aussi loin que possible dans l'allée.»

Pensait-il pouvoir arriver dans le trou en deux coups? Il me répondit qu'il n'y avait pas vraiment pensé, mais que cela lui semblait peu probable puisque la coupe se trouvait à 490 m du té. Je lui suggérai alors de se servir du bois n° 3, plus facile à maîtriser, puisque la distance n'était pas très importante. Il trouva que c'était une bonne idée.

Je lui demandai ensuite pourquoi il essayait toujours de viser le poteau à chaque coup d'approche. Comme si c'était l'évidence même, il s'étonna: «N'est-ce pas notre but sur le terrain de frapper le moins de coups possible?»

Je le rassurai: c'était effectivement l'objectif, mais sa recherche des birdies entraînait bon nombre de ses doubles et de ses triples bogeys. «Ne crois-tu pas qu'il vaudrait mieux éviter de viser le poteau quand tout porte à croire que ta balle tombera dans une fosse? insistai-je. Tu viens de dire que tu aimerais réussir un bogey. Ce serait sans doute possible si tu cessais de tenter des birdies.»

Il parut pensif, puis hocha la tête et répliqua: «Je n'ai jamais vraiment vu les choses sous cet angle... mais plus j'y réfléchis...»

C'est exactement ce qu'il faut faire: réfléchir. Trop peu d'amateurs se donnent la peine de vraiment *réfléchir*. Sur le tertre de départ, aucune règle ne vous oblige à utiliser le décocheur plutôt que le bois n° 3. *Le secret au golf, c'est de tenter de placer la balle là où elle sera le plus facile à jouer au coup suivant.* L'endroit où la balle atterrit lors du premier coup est généralement beaucoup plus important que la distance qu'elle a parcourue. Viser le poteau peut paraître héroïque, mais si les chances de l'atteindre sont nulles, à quoi cela sert-il?

LES RISQUES ET LE HASARD

Les mauvaises décisions sont à l'origine de la plupart des marques élevées des golfeurs qui ne jouent que pour le plaisir. De plus, je crois qu'ils prennent ces mauvaises décisions parce qu'ils ne font pas la différence entre prendre des *risques* et s'en remettre au *hasard*.

Prendre des risques c'est, par exemple, tenter un coup que je sais réussir neuf fois sur dix, alors que certains dangers sont présents qui peuvent me coûter une pénalité si je n'exécute pas le coup comme prévu. Les coups risqués comptent beaucoup dans un match: en réussir certains peut non seulement vous procurer de grandes joies, mais aussi abaisser sensiblement votre marque.

Le coup risqué devient un coup de *hasard* quand je ne peux qu'*espérer* le réussir. Si mes chances de réussite ne sont que de une sur dix, je ferais mieux alors de «jouer la prudence» ou même de «refuser tout risque» pour éviter la catastrophe.

Malgré ma réputation de golfeur audacieux, en tournoi je

n'ai jamais tenté un seul coup qui ne fût à mesure, ne jouant que les coups que j'étais à peu près certain de réussir. C'est là toute la différence. Trop d'amateurs s'en remettent au hasard dans l'espoir de réussir les coups marquants de leur carrière. Un jour ou l'autre vous en réussirez probablement un, mais la plupart du temps vous n'arriverez qu'à élever votre marque.

Souvenez-vous qui si vous n'avez pas vraiment les capacités nécessaires pour vous attaquer à une situation donnée, c'est vous qui en pâtirez si vous vous en remettez au hasard et que celui-ci ne vous sourit pas.

Tant mieux pour vous si vous aimez les sensations fortes que procure le hasard dans les situations difficiles. Mais si vous désirez également avoir une bonne marque, je pense que vous devez sérieusement réévaluer votre stratégie. Ceci s'adresse également à ceux dont le handicap est faible. Un grand nombre de joueurs dont l'élan est fantastique pourraient réduire leur marque de plusieurs coups s'ils se servaient un petit peu mieux de leurs cellules grises.

LA CONFIANCE EN SOI

Pour multiplier au maximum vos chances de réussir un coup donné quand il est risqué, il s'agit d'avoir *confiance* en votre capacité de le réussir. Si vous doutez de pouvoir vous en tirer, la peur vous envahira. Vous envisagerez la possibilité d'un désastre: la tension qui en résultera nuira à l'exécution d'un bon élan. Vos mouvements seront hésitants et provoqueront une décélération de la tête du bâton.

Cependant, si vous avez confiance en votre capacité de réussir le coup, vous n'imaginerez plus que le bon coup à venir. Ainsi, les dangers possibles ne vous accapareront pas et vous pourrez vous appliquer à frapper la balle d'un bon coup accéléré.

Si je préfère la stratégie de l'«audace», c'est surtout en raison de mon haut degré de confiance en moi sur le terrain. Refuser tout risque est incompatible avec ma personnalité; cet état d'esprit n'entraîne bien souvent qu'une décélération de mon élan descendant. Je me sens plus à l'aise lorsque j'attaque le parcours plutôt que lorsque je joue avec prudence. Même quand je bénéficie d'une avance certaine, j'ai tendance à jouer avec témérité. Cette stratégie m'a permis de gagner de nombreux tournois. Il est bien évident qu'elle m'en a fait perdre aussi à l'occasion, quand les risques que j'avais pris m'avaient fait rater mon coup. Toutefois, je ne regrette rien.

Les joueurs moins agressifs que moi se sentent probablement plus à l'aise en jouant plus prudemment. Ce n'est pas qu'ils manquent de confiance en eux; ils préfèrent prendre moins de risques, plutôt que de toujours jouer à la limite de leurs possibilités. Cette attitude les aide à mieux jouer.

Il vous appartient de trouver la stratégie qui vous donne le plus de confiance en vous-même. Soupesez vos aptitudes, évaluez la situation et laissez votre personnalité vous dire quoi faire.

Examinons une situation précise sur le terrain et voyons comment s'appliquerait chacun des trois types de stratégie dont nous avons parlé.

Imaginez que nous soyons sur un trou à normale 4 d'environ 360 m (voir l'illustration). Le coup de départ a bien placé la balle au milieu de l'allée, à environ 135 m du poteau (comme la plupart des joueurs le feraient, nous choisirons un fer n° 6 ou n° 7 pour jouer ce coup). Une petite pièce d'eau s'étend devant le vert et sur sa gauche, tandis qu'à droite, une fosse de sable protège l'autre côté du vert. La balle est posée sur une partie de l'allée qui est surélevée par rapport au vert. La pose est bonne et le terrain uniforme. Le poteau est planté fort à gauche sur le vert: en le visant, on risque d'envoyer la balle dans l'eau, ce qui nous coûterait une pénalité d'un coup.

Le moment est venu de prendre une décision...

JE RISQUE LE TOUT POUR LE TOUT À L'U.S. OPEN DE 1960

Dans les tournois, il m'arriva de nombreuses fois de recourir à la stratégie de l'audace. Mais où elle me rapporta le plus, ce fut au dernier tour de l'U.S. Open de 1960, au Cherry Hills Country Club. Sept coups derrière le meneur Mike Souchak, je savais que je ne devais pas me montrer timoré si je voulais avoir une chance de gagner. Il me fallait attaquer énergiquement le parcours.

Au premier trou, à normale 4, je tentai de décocher ma balle sur le vert; je réussis un birdie (voir page 71). Au deuxième trou, à 10 m, je cochai la balle pour un autre birdie. Au troisième trou, à normale 4, mon décoché atteignit presque le vert. Je cochai alors la balle à une trentaine de centimètres du trou et marquai mon troisième birdie. Au quatrième trou, avec le cocheur, je plaçai ma balle à moins de 6 m de la coupe. Je roulai alors un quatrième birdie: je venais de marquer quatre birdies d'affilée. Au cinquième trou, je jouai la normale. Au sixième trou, long de 157 m, à normale 3, un roulé de 7 m me permit d'atteindre l'égalité avec Souchak. Au septième trou, à normale 4, un roulé de 2 m me fit marquer un sixième birdie.

Ma stratégie réussissait: six birdies en sept trous et une marque de 30 à l'aller me permettaient d'espérer la victoire. Mais la journée était loin d'être finie, car à Cherry Hills, le retour est une bien dure épreuve. Je jouai bien et obtins une marque de 35, deux sous la normale. Avec une marque totale de 65, je remportai finalement l'Open.

A: jouer l'audace, B: jouer la prudence, C: refuser tout risque.

Le joueur expérimenté devrait envisager de jouer l'audace dans ce cas-ci. Devrait-il donc se risquer à viser le poteau? Il sait qu'il joue assez bien dans les fosses de sables; il lui resterait donc une bonne chance de jouer la normale si la balle atterrissait dans la fosse. C'est la pièce d'eau qui l'inquiéterait le plus. Devrait-il vraiment viser le poteau et risquer d'envoyer sa balle dans l'eau? Après réflexion, il en viendrait à la conclusion qu'il a assez de confiance en lui-même pour tenter le coup. Ses balles décrivent naturellement une courbe vers la gauche, ce qui convient parfaitement en l'occurrence. Finalement, il déciderait de viser le centre du vert, de manière à pouvoir frapper sa balle naturellement et la faire dévier vers le poteau.

Sûr de son coup, il le visualiserait d'abord, puis serait prêt à exécuter un bon élan.

Le joueur moyen, quant à lui, ne devrait pas prendre trop de risques dans cette situation. Même si habituellement il frappe bien ses balles, il ne peut être sûr de l'opportunité de viser le poteau — ce qui demande beaucoup de précision —, surtout compte tenu de la pièce d'eau s'étendant si près du vert. Il penserait donc que viser le poteau est trop hasardeux pour lui et choisirait de viser l'arrière droit du vert, de manière à empocher la balle au coup suivant. Grâce à cette stratégie, il serait raisonnablement assuré que sa balle volerait par-dessus la pièce d'eau, même si elle ne se rendait pas tout à fait à l'arrière du vert. S'il atteignait son but, il exécuterait ensuite un long roulé qui lui permettrait de marquer un birdie ou au moins une normale. Si la balle atterrissait dans la fosse de sable, il lui resterait quand même une bonne chance de jouer la normale; s'il jouait bien, il serait assuré de cinq coups, ce qui est évidemment beaucoup mieux que six ou sept.

Le joueur à handicap élevé qui évaluerait la même situation serait craintif, vu que son habileté à frapper la balle serait loin d'être comparable à celle des joueurs plus avancés.

S'il était honnête avec lui-même, il saurait que viser le poteau est une tentative des plus hasardeuses pour lui. Il risquerait de ne pas faire prendre à sa balle la trajectoire souhaitée et de l'envoyer dans l'eau. La stratégie qui consiste à «jouer la prudence» ne lui conviendrait pas non plus, car si sa balle ratée atterrissait dans les herbes ou dans la fosse de sable, il risquerait encore de l'envoyer dans l'eau au coup suivant.

Après avoir examiné la situation, il déciderait de placer sa balle bien à droite du vert, loin de la pièce d'eau et de la fosse, là où il pourrait ensuite sans danger exécuter un bombé sur le vert. S'il ne jouait pas la normale, il ne devrait toutefois pas dépasser cinq coups. Ce ne serait pas si mal, compte tenu de la situation.

Finalement, ce ne serait pas si difficile de réaliser une bonne marque. Enfin, c'est toujours ce que l'on croit quand on lit un manuel. Le vrai test, c'est sur le terrain qu'on le passe, où il est si facile de laisser son cœur l'emporter sur la raison.

Je ne dis pas que vous devez éliminer tout sentiment de votre jeu. J'ai moi-même toujours joué avec beaucoup de cœur durant ma carrière. Sur le parcours, maintes fois vous ne ferez pas ce que la raison vous dicte parce que, au fond de vous-même, vous *savez* (ou *souhaitez*) être en mesure de réussir le coup, même s'il est très difficile.

Revenons à notre joueur moyen, qui a joué la prudence sur notre trou imaginaire. Il est conscient de ce qui pourrait arriver s'il visait le poteau et le manquait d'un poil. Il sait que jouer ainsi comporte un grand risque, même pour un joueur expert. Mais supposons que le coup nécessite l'utilisation du fer n° 5, son préféré, celui avec lequel il est particulièrement à l'aise pour frapper la balle à partir de zones surélevées. En plus, son coup naturel fait légèrement dévier ses balles vers la gauche, ce qui lui permettra d'envoyer sa balle à droite de la pièce d'eau afin qu'elle se rabatte vers le poteau. Ce que je veux vous expliquer, c'est qu'il n'est pas nécessaire que vous écoutiez toujours la voix de la raison *si* vous sentez vraiment que vous pouvez réussir le coup exigé. Toutes les circonstances constituent des facteurs importants dont vous devez tenir compte pour décider de la manière dont vous allez jouer un coup.

De même, n'hésitez jamais à ne pas prendre de risques si la situation n'en vaut pas la peine. Il m'est parfois arrivé dans les tournois de laisser mon orgueil de côté en adoptant une stratégie de refus du risque. Je l'ai rarement regretté. Si vous êtes déterminé et capable d'ignorer les quelques ricanements qui accueillent toujours les coups où aucun risque n'est pris, c'est vous qui rirez le dernier quand les marques seront calculées.

LA MISE AU POINT DE VOTRE PROPRE STRATÉGIE

Tout joueur doit s'obliger à trouver une stratégie à chaque trou, avant d'exécuter son élan. Ne décochez jamais votre balle sans avoir au préalable déterminé un objectif quelconque ou une stratégie de jeu pour réussir le coup.

Bien sûr, tout ne se déroulera pas forcément exactement comme vous l'aviez prévu. Vous serez surpris, toutefois, de voir à quel point votre assurance est plus grande au tertre de départ quand vous vous préparez à envoyer la balle à un endroit donné en sachant exactement où et pourquoi que lorsque vous vous apprêtez simplement à la frapper.

Rappelez-vous ceci: vous devez adapter votre stratégie à votre type de jeu. Il serait intéressant de toujours tenter les birdies, mais bon nombre d'entre vous se contenteraient d'un bogey pour les trous difficiles. Si c'est votre cas, élaborez donc la stratégie qui vous permettra de *réaliser* cela. Envisagez de frapper trois fois pour atteindre le vert des trous à normale 4 plutôt que de trop forcer pour y arriver en deux coups. Essayez d'utiliser les bâtons avec lesquels vous vous sentez à l'aise et réservez les autres pour le terrain d'entraînement.

CONNAISSEZ VOTRE JEU ET CHAQUE MÈTRE DU TERRAIN

Pour obtenir une meilleure marque, il faut savoir choisir le bâton qui convient au coup à jouer. Et pour qu'une bonne marque soit constante, il faut connaître le métrage moyen que donne chaque bâton et non le métrage maximum qu'on peut en obtenir. Ce qui compte ici, c'est la distance *moyenne*.

De nombreux amateurs choisissent leur bâton en fonction de la distance maximum qu'ils peuvent en obtenir. Or, tout compte fait, cette habitude manque de réalisme. Sur un parcours, combien de fois frappez-vous la balle parfaitement de plein fouet? Soyez honnête. Sept ou huit fois, peut-être? Le reste du temps, vous ne la frappez pas aussi bien et perdez un peu de distance. C'est la raison pour laquelle, la plupart du temps, le golfeur moyen manque de distance dans ses coups d'approche. C'est la cause d'un grand nombre de coups perdus.

Inversement, il n'y a pas un professionnel dans le circuit de la P.G.A. qui ne sache exactement quelle distance moyenne il obtient de chacun de ses bâtons. Cette connaissance lui est essentielle car il ne peut se permettre de perdre des coups en laissant quoi que ce soit au hasard. Si vous voulez améliorer votre marque, vous non plus ne devez rien laisser au hasard.

Je vous conseille de vous faire aider d'un ami pour dresser la liste de la distance totale moyenne que vous obtenez de chaque bâton. Pour ce faire, calculez séparément la *trajectoire aérienne* et la *trajectoire au sol*. Frappez au moins dix fois avec chaque bâton, votre ami se tenant dans la zone d'arrivée pour noter le point d'atterrissage ainsi que le point final de course. Inscrivez les métrages dans un carnet. Établissez ce décompte pour tous vos bâtons, du cocheur de sable au décocheur.

Une fois établie la liste des distances précises, utilisez-la et fiez-vous-y sans crainte. Lorsque vous jouerez, choisissez vos bâtons en fonction de vos nouvelles statistiques. Je vous garantis que vous arriverez près du poteau comme jamais auparavant.

Savoir à quelle distance chaque bâton projette la balle ne vous sera pas très utile si vous ignorez la distance de la balle à la cible. Cela semble évident, mais je sais que de nombreux joueurs moyens mesurent à vue de nez les distances sur leur terrain habituel, plutôt que de se donner la peine de trouver les distances réelles. Voilà une erreur qui souvent leur coûte cher.

Tous les joueurs professionnels connaissent la distance séparant le poteau d'à peu près n'importe quel point du terrain, parce que, aidés de leur cadet, ils ont pris la peine, durant les tours d'entraînement, de mesurer au pas les distances et de les noter. Tous les golfeurs devraient faire de même. Cette excellente méthode de mesure consiste à compter les pas séparant un point d'un autre, sachant que l'enjambée moyenne d'un homme est d'environ 1 m.

Vous découvrirez vite qu'il n'a pas été vain que vous profitiez d'une journée tranquille sur votre terrain habituel pour préparer votre carnet de métrage. Laissant de côté les trous à normale 3, choisissez deux ou trois repères dans chaque allée — un gros arbre, une fosse de sable ou une tête d'arrosage — et mesurez la distance qui les sépare du centre du vert.

DOUZE COUPS

Je me souviens de certaines fois sur le terrain où j'aurais dû me servir de ma tête plutôt que de tenter des coups forcés. Au deuxième tour du Los Angeles Open de 1961, par exemple. Le tournoi se déroulait au Rancho Park Golf Course.

J'avais commencé par jouer le retour, de sorte que, arrivé au dernier trou, le neuvième à normale 5, j'avais deux coups sous la normale et n'avais besoin que d'une normale pour atteindre une marque de 69. Cependant, après un bon décoché, je visais l'eagle, bien que le vert soit flanqué de clôtures de part et d'autre.

Je frappai puissamment la balle avec le bois n° 3. Le vent la fit dévier vers la droite, hors des limites. Je n'abandonnai pas pour autant; j'étais sûr de pouvoir m'en sortir. Cette fois-ci, la balle fit un crochet par-dessus la clôture gauche. Je pris donc une autre balle; un coup adouci la fit atterrir de l'autre côté de la clôture droite. Encore une balle: de l'autre côté de la clôture gauche. En quatre coups avec le bois n° 3, je réussissais à lancer quatre balles hors limites. Têtu, je pris une cinquième balle et visai directement le vert. Elle vola haut et droit, pour atterrir à la hauteur du poteau, à 5 m du trou. De là, je fis deux roulés. Douze coups pour ce trou! Je terminai avec une marque de 76...

Au prochain tour de golf que vous jouerez, vous serez étonné de voir votre assurance accrue du fait de n'avoir plus à deviner vos distances. Ainsi, toute incertitude quant au bâton à utiliser dans telle ou telle situation sera dissipée, incertitude qui entraîne toujours les coups hésitants.

Si vous êtes comme la plupart des amateurs, neuf fois sur dix le bâton que vous avez choisi ne suffit pas à envoyer la balle près du trou. Votre connaissance des distances moyennes obtenues par chaque bâton et des distances réelles sur le terrain vous évitera de commettre ce genre d'erreurs et vous permettra d'envoyer votre balle près du poteau. La prochaine fois que vous jouerez, faites-moi ce plaisir: *efforcez-vous à chaque approche de faire atterrir la balle au-delà du poteau, que vous le visiez ou non*, même si vous devez pour cela prendre un bâton qui vous donne une distance plus longue que celui que vous avez l'intention ou l'habitude de prendre. «Mais je vais souvent faire atterrir ma balle de l'autre côté du vert», protesterez-vous sans doute. Peut-être que oui, mais probablement que *non*.

Faites-moi ce plaisir, *essayez*. J'ai le pressentiment que vous obtiendrez l'une de vos meilleures marques.

Réfléchissez. Rappelez-vous qu'il faut toujours *réfléchir* avant de frapper la balle: le golf se joue à 90 p. 100 avec la tête. C'est dans la stratégie que réside le gros de ce travail mental.

QUATRIÈME PARTIE

LES COUPS ET LES DIFFICULTÉS DU PARCOURS

Supposons que vous arriviez maintenant à frapper toujours la balle de façon suffisamment dynamique et précise. Vous avez travaillé fort pour y arriver. Mais vous êtes récompensé par des marques plus basses et vous vous amusez davantage.

Cependant, il vous reste encore quelques améliorations à apporter à votre jeu: vous ne serez un joueur complet que lorsque vous pourrez «courber» la trajectoire de la balle d'un côté ou de l'autre, de façon plus ou moins prononcée, selon le besoin. Il faut être capable de frapper la balle pour qu'elle soit haute et molle ou basse et forte, en fonction de la situation.

Quand vous aurez appris à *travailler* la balle et découvert les avantages que cela comporte, vous pourrez atteindre votre plein potentiel pour ce qui est de la marque.

LES TRAJECTOIRES DE LA BALLE

Les golfeurs donnent rarement à la balle une trajectoire rectiligne. Chacun lui donne une trajectoire déterminée, en fonction de la manière naturelle dont il la frappe: il peut s'agir d'un *léger crochet à gauche* (que certains appellent «courbe»), d'un *léger crochet à droite* (que certains appellent «coup

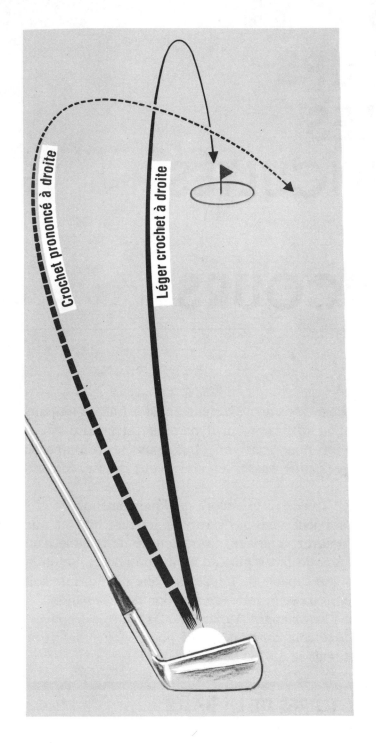

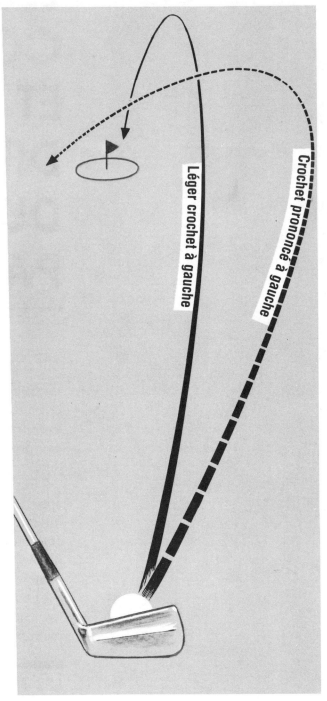

Crochet prononcé à droite

Léger crochet à droite

Léger crochet à gauche

Crochet prononcé à gauche

adouci»), d'un *crochet prononcé à gauche* (que certains appellent tout simplement «crochet»), ou enfin d'un *crochet prononcé à droite* (que certains appellent «vrille»).

Contrairement à ce que beaucoup de golfeurs amateurs pensent, il est rarement à l'avantage du joueur de frapper sa balle de manière qu'elle suive une trajectoire rectiligne. Voici pourquoi.

Premièrement, de nombreux facteurs jouent simultanément à la seconde précise de l'impact. Le bâton doit se déplacer selon un arc donné, sa tête doit être orientée de façon à heurter la balle de plein fouet et la synchronisation doit être parfaite. Le moindre écart lors de l'impact peut entraîner une déviation de la balle qui la fera atterrir jusqu'à une dizaine de mètres d'un côté ou de l'autre de l'objectif. Or les chances que vous jouiez parfaitement chaque coup sont minces.

Recourir au léger crochet à droite ou au léger crochet à gauche peut toutefois augmenter vos chances de placer la balle plus près de la cible. Imaginons que vous deviez jouer un coup d'approche à 130 m du fanion. Vous décidez de tenter un coup rectiligne vers le poteau, dans l'espoir que la balle s'arrêtera à 5 m de la coupe. Vous devez donner à la balle une trajectoire vraiment rectiligne si vous voulez la voir atterrir dans la zone désirée. Et si votre coup dévie de 5 m, d'un côté ou de l'autre, vous aurez bien manqué votre cible.

Maintenant, imaginons que votre objectif soit le même, mais que vous décidiez de faire un léger crochet à droite. Ceci vous permet de viser un point situé à peu près à 5 m à gauche du poteau, de manière à envoyer la balle près de la coupe. Si la trajectoire dévie comme prévu, votre balle atterrira tout près de la coupe, pourvu que la longueur du coup ait été précise elle aussi. Si la trajectoire ne dévie pas, vous ne serez quand même qu'à environ 5 m de la coupe. Enfin, si le crochet à droite est trop prononcé, en admettant que la balle ait atterri à 10 m du point que vous visiez, elle ne sera quand même qu'à environ 5 m à droite du poteau.

Ce plan de jeu en tête, il est logique d'exploiter la déviation naturelle de la trajectoire — léger crochet à gauche ou à droite — pour augmenter ses chances d'envoyer la balle là où on le désire, qu'il s'agisse du poteau ou d'un point visé dans l'allée.

MAÎTRISEZ LES DEUX TYPES DE DÉVIATION

Ce que vous avez de mieux à faire pour maîtriser les trajectoires de vos balles, c'est d'apprendre à travailler la balle des deux façons. Ainsi, vous pourrez adapter votre coup à la situation.

Recourir au léger crochet à droite pour que la balle ait plus de chances de se rapprocher de la cible.

Supposons que vous ayez à jouer un coup d'approche, le poteau étant planté tout près de la lisière gauche du vert, à peu de distance d'une fosse de sable. Si votre coup naturel est un léger crochet à droite, vous devez bien entendu viser la fosse de sorte que la balle se rapproche du poteau. Vous auriez donc des difficultés s'il advenait que votre coup fût rectiligne.

Cependant, si vous êtes également capable d'exécuter un léger crochet à gauche, vous pouvez approcher le fanion par l'autre côté: vous visez alors à droite du poteau pour rapprocher la balle de la cible. Voilà qui élimine presque totalement le risque de voir la balle tomber dans la fosse.

Le fait de pouvoir exécuter indifféremment un léger crochet à gauche ou un léger crochet à droite vous permettra également de mieux contrôler la trajectoire de la balle lorsque vous devrez jouer par vent de travers.

Quand le vent souffle dans la même direction que la déviation de la balle, il tend à l'amplifier: les légers crochets à droite et à gauche iront respectivement plus loin à droite et plus loin à gauche. Si vous ne maîtrisez qu'un seul type de déviation, vous serez à la merci du vent, au cas où il soufflerait dans la même direction que la déviation naturelle de votre coup.

Toutefois, si vous pouvez imprimer les deux types de déviation à votre balle, vous pourrez choisir celle qui s'opposera à la direction du vent, ce qui vous permettra de mieux contrôler votre balle.

Chaque coup est caractérisé par la distance obtenue ou par le degré de contrôle exercé. La rotation de la balle sur elle-même, qui entraîne une légère déviation à droite, ressemble beaucoup à l'effet rétro: la balle volera haut et ne roulera guère après l'atterrissage. Cela est utile dans les cas où la précision du tir importe plus que la distance parcourue. Pour ceux qui, du tertre de départ, décochent la balle très loin, mais un peu n'importe où, apprendre le léger crochet à droite avec le décocheur est peut-être le meilleur moyen de réduire leur marque.

La balle que vous frapperez de sorte que sa trajectoire décrive un léger crochet à gauche volera plus bas et, quand elle atterrira, elle roulera davantage, ce qui vous permettra d'atteindre une distance maximale. De nombreux golfeurs qui n'envoient pas la balle très loin ont pu gagner quelques mètres en apprenant le léger crochet à gauche.

Enfin, si vous pouvez faire suivre à votre balle la trajectoire de votre choix, votre marque s'améliorera certainement du fait que vous pourrez contourner les arbres et autres obstacles ou que, dans les tracés coudés, vous pourrez placer la balle en meilleure position pour frapper le coup suivant.

QU'EST-CE QUI FAIT DÉVIER LA BALLE?

Qu'est-ce qui fait dévier la balle dans une direction ou une autre? C'est la rotation de la balle sur elle-même que la face du bâton lui imprime lors de l'impact; une rotation latérale, pour être plus précis. tout comme le lanceur imprime à la balle de base-ball une rotation latérale pour courber sa trajectoire, le golfeur fait dévier la trajectoire de sa balle à gauche ou à droite, au moyen de la face du bâton.

Quand nous avons parlé de l'effet rétro (page 60), nous avons dit que, fondamentalement, plus l'angle de la face du bâton était ouvert, plus l'effet rétro était important. Ajoutons ici que plus l'effet rétro est important, plus il annule l'effet de la rotation latérale, et vice versa.

C'est pourquoi, si avec le décocheur vous faites des crochets prononcés à gauche ou à droite, passer au bois n° 4 au tertre de départ peut vous aider à redresser quelque peu la trajectoire de votre balle. C'est aussi la raison pour laquelle les crochets prononcés à droite sont faciles à obtenir avec le décrocheur et un fer long, mais rares avec le cocheur.

De l'*angle* de la face tel qu'il est lors de l'impact, selon la trajectoire de l'élan, dépend la rotation latérale de la balle. Quand la face est ouverte, la rotation entraîne le crochet prononcé à droite; quand elle est fermée, elle entraîne le crochet prononcé à gauche.

La *vitesse de la rotation* imprimée à la balle détermine l'intensité de sa déviation; plus cette vitesse est élevée, plus la balle déviera. La vitesse de rotation dépend en grande partie elle aussi du degré d'ouverture de la face lors de l'impact. Plus la face est ouverte, plus la rotation fera dévier la balle fortement vers la droite. Plus elle est fermée, plus la balle déviera fortement vers la gauche.

Il est utile de connaître les causes de chacun des quatre types de crochets si l'on veut être en mesure d'apporter à l'élan les légères modifications nécessaires à leur réussite.

Vous ne serez un golfeur complet que lorsque vous saurez comment produire ces quatre crochets différents.

12
Les coups

LE LÉGER CROCHET À GAUCHE

Pour exécuter un léger crochet à gauche, commencez par prendre la position qui convient lors de la visée: alignez votre corps sur un point situé à droite de l'objectif; vous êtes alors en *position fermée*.

Pour fermer votre position, vous décalerez le pied, la hanche et l'épaule droits d'environ 5 cm par rapport à un alignement des deux pieds qui serait parallèle à la ligne de vol. Il se peut que vous trouviez plus facile de choisir un point un peu à droite de votre cible réelle et de vous placer comme si vous le visiez directement. Dans ce cas, placez bien le bord avant de la tête du bâton à angle droit avec la cible réelle avant d'ajuster la prise. Ainsi, la face sera légèrement fermée par rapport à la ligne, définie par votre corps, qui déterminera la trajectoire de votre élan. Au moment de l'impact, vous obtiendrez une rotation dans le sens contraire à celui des aiguilles d'une montre, sens grâce auquel la balle déviera légèrement de droite à gauche.

Nul besoin de procéder à d'autres ajustements: exécutez votre élan normalement, et vous imprimerez à la balle la vitesse de rotation dont elle a besoin pour décrire un léger crochet à gauche.

LE CROCHET PRONONCÉ À GAUCHE

Un crochet prononcé à gauche involontaire n'est pas souhaitable au golf. En connaître les causes et les moyens d'en tirer parti peut toutefois offrir au joueur la possibilité de se sortir d'une situation difficile pour se rapprocher du vert ou y monter.

Le crochet prononcé à gauche exige le même type de rotation latérale de la balle que le léger crochet à gauche, mais à un degré beaucoup plus grand. Fermez votre position encore plus que vous ne le feriez pour le léger crochet à gauche et fermez légèrement la face du bâton par rapport à la ligne de la cible réelle avant d'ajuster votre prise.

Pour exécuter un crochet prononcé
à gauche délibéré, prenez, lors de la
visée, une position très fermée.

Faites en sorte que la trajectoire de
votre bâton lors de l'élan ascendant soit plus intérieure que
d'habitude.

Le fait de ramener le bâton vers l'intérieur lors de l'élan ascendant entraînera un plan d'élan plus plat que normalement.

Durant l'élan descendant, le bâton suit une trajectoire allant de l'intérieur vers l'extérieur, la tête poursuit sa course à droite de la cible et le prolongé est «bas et arrondi».

L'élan terminé, vos mains devraient être en position plus basse que d'habitude.

Lors de l'amorcé, ramenez le bâton davantage vers l'intérieur, plutôt que de vous contenter de l'éloigner de la balle en ligne droite.

Durant l'élan descendant, veillez à ce que la trajectoire de votre bâton aille de l'intérieur vers l'extérieur. Attachez-vous à lancer la tête du bâton à travers la balle, puis vers la droite de la cible. Résultat: votre prolongé sera plus bas qu'il ne le serait normalement. Vos mains ne s'arrêteront pas au-dessus de votre épaule gauche: elles pointeront vers l'arrière, dans votre dos.

De cette manière, la balle partira bien vers la droite, mais déviera nettement vers la gauche et roulera longuement après l'atterrissage.

LE LÉGER CROCHET À DROITE

Lors de la visée, placez-vous en position ouverte, comme vous le feriez avec un fer court, en décalant le pied gauche d'environ 5 cm par rapport à un alignement des deux pieds qui serait parallèle à la ligne de visée. Faites de même avec les hanches et les épaules.

Alignez la face du bâton de façon que sa surface soit perpendiculaire à la ligne de visée originelle, ce qui l'ouvre un peu par rapport à la ligne qui régit la position de votre corps. Ajustez ensuite la prise du bâton.

Maintenant, exécutez votre élan normalement. Vous imprimerez à la balle la rotation nécessaire au léger crochet à droite.

LE CROCHET PRONONCÉ À DROITE

Comme le crochet prononcé à gauche, le crochet prononcé à droite est un coup que les golfeurs craignent comme la peste. Toutefois, savoir comment le produire au besoin peut se révéler fort utile.

Pour l'exécuter, il faut imprimer à la balle la même rotation latérale que pour le léger crochet à droite, mais avec beaucoup plus de vigueur. Pour ce faire, vous devrez ouvrir votre position un peu plus que pour le léger crochet à droite et ouvrir légèrement la face du bâton par rapport à la ligne de visée originelle lors de l'amorcé. Veillez à ce que votre bâton décrive une trajectoire déviée vers l'extérieur lors de l'élan ascendant et à frapper la balle dans un élan descendant qui aille de l'extérieur vers l'intérieur, comme si la tête du bâton devait trancher la balle en diagonale au moment de l'impact. Le coup sera plus facile à exécuter si vous imaginez que vous désirez lancer la tête du bâton à travers la balle et que vous effectuez le prolongé à gauche de la cible.

Pour produire un crochet prononcé
à droite, prenez une position très
ouverte à la visée.

Lors de l'amorcé, faites suivre au
bâton une trajectoire plus extérieure que d'habitude.

*Ramener la bâton selon une trajec-
toire extérieure entraîne automatiquement un plan d'élan plus vertical.*

Veillez à ce que votre élan descendant suive une trajectoire allant de l'extérieur vers l'intérieur, la tête du bâton se dirigeant à gauche de la cible après l'impact.

À la fin du coup, les mains se trouveront plus bas que d'habitude.

La balle commencera sa course vers la gauche, puis décrira un crochet prononcé à droite, pour finalement peu rouler après atterrissage.

Jouer un crochet prononcé à droite réduit la distance obtenue normalement, quel que soit le bâton utilisé. Veillez donc à employer un bâton beaucoup plus fort que vous ne le faites d'habitude, un fer n° 5 plutôt qu'un fer n° 7, par exemple.

LE COUP DE LA BALLE BASSE

Savoir comment exécuter ce coup est bien utile dans certaines situations courantes.

Il arrive souvent qu'un obstacle, comme des branches qui pendent d'un arbre, par exemple, soit devant vous, tout proche. Vous n'êtes ainsi pas assez éloigné de l'arbre pour faire passer votre balle au-dessus de lui ou pour lui permettre de le contourner. La meilleure solution consiste donc à faire passer la balle sous les branches.

Ou encore, vous devez exécuter un coup d'approche alors que le vent souffle de côté ou de face. Plutôt que de faire voler la balle haut dans les airs et de l'exposer ainsi à la force du vent, vous la frapperez de manière qu'elle soit basse et forte. Vous pourrez ainsi mieux contrôler sa trajectoire et aurez plus de chances de la placer exactement où vous le voulez.

Le coup de la balle basse est également efficace quand la surface du parcours est dure et sèche. Il est dans ce cas préférable que la balle atterrisse avant le vert et qu'elle se rende jusqu'au poteau en roulant. Bien entendu, il ne doit y avoir aucun obstacle qui l'en empêche.

Pour frapper une balle basse, prenez un bâton de deux ou trois numéros plus fort que celui que vous utiliseriez normalement à cette distance.

Serrez bien le manche pour pouvoir contrôler le bâton au maximum. Ouvrez votre position et jouez la balle vers le centre, ou un peu derrière le centre si vous préférez. Placez les mains bien en avant de la balle et exécutez un élan droit, qui attaque la balle de haut en bas, puis un prolongé limité.

Veillez à garder la tête et le corps immobiles durant tout le mouvement. Ce coup fait surtout appel à l'action des bras et des mains.

La balle sera forte et basse; elle atterrira pour ensuite rouler longuement.

Je dois ici frapper une balle basse et forte qui volera sous les branches, atterrira avant le vert, puis y roulera.

Serrez bien le manche et prenez
une position ouverte, les mains placées bien en avant de la balle.

Exécutez un élan ascendant droit,
en gardant la tête et le corps
immobiles.

Grâce à l'action des bras et des mains, vous exécutez un élan descendant puissant.

Vous attaquez la balle de haut en bas; le prolongé est limité.

LE COUP DE LA BALLE HAUTE

Le golfeur moyen ne se rend pas compte qu'il est tout à fait possible de faire monter la balle de façon rapide et prononcée. Tout ce qu'il faut, c'est la bonne technique. Celle-ci peut vous aider à épargner un coup, une fois de temps en temps, quand un arbre s'interpose entre vous et le vert.

Pour frapper une balle haute, prenez une position fort ouverte; la balle sera posée en avant, les mains seront placées bien en avant de celle-ci et la face du bâton sera ouverte. Pour que la balle vole encore plus haut, placez les mains un peu plus en arrière, pour accentuer l'angle de la face du bâton.

Le coup de la balle haute: ici, je veux que la balle monte vite et haut, passe par-dessus l'arbre et atterrisse sur le vert.

Prenez une position très ouverte; la balle se trouve bien à l'avant et la face du bâton est ouverte.

Exécutez un élan ascendant normal.

Le secret pour faire monter la balle rapidement, c'est de s'efforcer de déplacer l'épaule droite vers le bas pendant l'élan descendant, en essayant de faire glisser la face du bâton sous la balle lors de l'impact. Il importe de ne pas laisser la main droite rouler par-dessus la gauche. Tirez solidement le bâton de la main gauche afin d'en garder la face ouverte pendant qu'elle glisse sous la balle et poursuit sa course.

Ce coup fera monter la balle rapidement, la fera voler haut et peu rouler après atterrissage.

Concentrez-vous sur le déplacement de l'épaule droite vers le bas durant l'élan descendant.

Faites glisser la face du bâton sous la balle, en le tirant solidement de la main gauche pour empêcher la droite de rouler sur celle-ci jusqu'au prolongé.

Finissez l'élan les mains hautes, sans forcer.

13
Les poses sur pente

Au chapitre 10, je vous disais que les coups roulés seraient certainement plus faciles à exécuter si tous les verts étaient plats. Ceci vaut également pour les allées, bien entendu. Le jeu serait tellement plus simple si on frappait toujours la balle en terrain plat.

Cependant, le jeu n'a pas été conçu pour être si simple. La plupart des parcours d'Amérique du Nord *sont* relativement plats, comparés aux terrains de golf vallonnés d'Écosse, où le jeu fut inventé.

Un moyen d'échapper aux difficultés engendrées par des poses de balle en terrain pentu, c'est évidemment d'éviter ces poses. La plupart des trous, même ceux dont l'allée est vallonnée, comportent des aires plates que vous pouvez toujours utiliser comme cibles. Bien examiner chaque trou pour découvrir cette aire et être capable d'y placer la balle peut vous épargner les risques inhérents au jeu sur pente.

Cependant, personne n'est capable d'éviter toutes les poses possibles sur pente. Il est donc essentiel de savoir comment s'en tirer, si l'on veut exceller au golf.

Il existe quatre types de poses sur pente: la balle peut être posée plus bas que les pieds ou plus haut que les pieds; la pose peut être située en amont ou en aval. Pour bien réussir le coup à jouer quelle que soit la pose, il importe surtout de comprendre les effets de chaque type de pente sur la position à la visée et sur l'élan, ainsi que de savoir comment s'ajuster à chacune. Il faut aussi comprendre les effets de ces ajustements sur le résultat final du coup.

LA POSE AU-DESSUS DES PIEDS

Pour jouer une balle posée plus haut que les pieds il faut que vous vous teniez plus loin d'elle et que votre posture soit plus droite que d'habitude lors de la visée. Le degré d'éloignement dépend, bien entendu, de la hauteur de la balle par rapport à vos pieds.

Cet éloignement de la balle vous contraint à exécuter un élan plus plat, ce qui produit une trajectoire orientée de droite à gauche. Veillez donc à viser la droite de la cible et à prévoir le mouvement de la balle vers la gauche. L'ampleur de ce mouvement dépend du degré d'horizontalité de votre élan qui, lui, dépend à son tour du degré d'élévation de la balle par rapport à vos pieds.

Pour assurer votre équilibre, placez votre poids sur l'avant des pieds, et serrez le manche du bâton pour mieux contrôler ce dernier.

Face à une telle pose ou à toute autre qui vous oblige à prendre une position à la visée différente de votre position habituelle, exécutez toujours deux ou trois coups d'entraînement, pour bien sentir le type de mouvement auquel le coup fait appel.

Faites preuve de bon sens quand les conditions sont extrêmes. Si la pente est abrupte au point de rendre votre position à la visée par trop inconfortable, exécutez un élan prudent.

LA POSE AU-DESSOUS DES PIEDS

Quand la balle est posée plus bas que les pieds, vous êtes obligé de vous tenir plus près d'elle et de vous courber plus que d'habitude. Jusqu'à quel point devez-vous vous rapprocher de la balle? Cela dépend de son niveau par rapport à vos pieds. Plus la balle sera basse, plus vous devrez vous en rapprocher et plus vous devrez vous courber pour que la tête du bâton puisse l'atteindre.

Comme vous êtes obligé de vous pencher vers l'avant plus que d'habitude, vous devez placer votre poids sur les talons et garder le menton levé pour ne pas basculer vers l'avant. En outre, tenez le bâton par le bout du manche.

Ce type de pose vous oblige à vous rapprocher de la balle; le plan de votre élan sera donc plus vertical, ce qui produira une trajectoire orientée de droite à gauche. Plus la balle sera basse, plus vous vous tiendrez près d'elle et plus votre coup déviera vers la droite.

Quand la balle est placée plus haut que les pieds, vous devez vous en éloigner un peu plus que d'habitude. Portez votre poids sur la pointe des pieds pour assurer votre équilibre. Serrez bien le bâton pour mieux le contrôler.

Vous éloigner de la balle produit un plan d'élan plus plat, ce qui fait voler la balle de droite à gauche.

Pour éviter de frapper trop dans le gazon, ne laissez pas votre tête fléchir.

Attachez-vous à finir l'élan dans une bonne position équilibrée.

Quand la balle est posée plus bas que vos pieds, vous devez vous en rapprocher plus que d'habitude. Portez votre poids sur les talons pour maintenir votre équilibre et tenez le bâton par le bout du manche.

Comme vous vous tenez plus près de la balle, votre plan d'élan sera plus vertical et la balle volera de gauche à droite.

L'ampleur de la déviation de la balle dépend du degré d'inclinaison de la pente.

Efforcez-vous de rester en équilibre durant tout le coup.

LA POSE EN AMONT

Quand vous frappez une balle sur une pente montante, il est nécessaire que vous compensiez l'angle de cette pente en fléchissant le genou gauche plus qu'à l'habitude, afin que la ligne des hanches et celles des épaules soient aussi normales que possible, c'est-à-dire horizontales. Plus la pente sera inclinée, plus vous plierez le genou. À la visée, placez-vous de manière que la balle soit un peu plus à l'avant que d'habitude.

Dans le cas d'une pose en amont, compensez l'inclinaison du terrain en fléchissant le genou gauche un peu plus que d'habitude.

Votre poids aura tendance à rester sur le pied droit durant tout l'élan. Exécutez donc un élan ascendant plus court que d'habitude.

Votre poids, à cause de la pente, tend à rester sur le pied droit lors de l'impact. Cela entraîne un vol de la balle de droite à gauche. Vous pouvez compenser cette tendance jusqu'à un certain point en exécutant un élan ascendant plus court que d'habitude et en mettant l'accent sur le prolongé. En règle générale, plus la pente est prononcée, plus le poids se porte sur le pied droit et plus la déviation de la balle est évidente. Aussi, tenez compte de cet effet.

Comme votre poids demeure sur votre jambe droite, vos mains se détendront plus tôt, ce qui fera dévier la balle de droite à gauche.

Compensez l'élan ascendant plus court en mettant l'accent sur un solide prolongé.

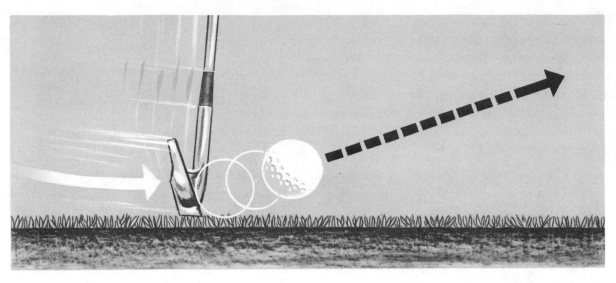

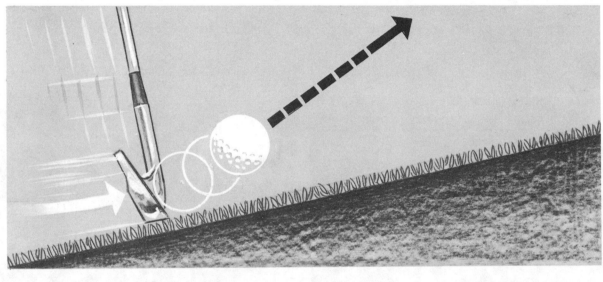

L'angle de face normal d'un bâton (en haut) doit être plus ouvert dans le cas d'une pose en amont (au milieu) et plus fermé dans le cas d'une pose en aval (en bas).

Le fait de frapper la balle dans la direction de l'angle de la pente modifie aussi la hauteur de vol de la balle et la distance à laquelle elle atterrira: la balle vole plus haut et moins loin que si elle avait été frappée sur un terrain plat. Remédiez-y en utilisant un bâton qui peut vous donner plus de distance. Plus la pente sera prononcée, plus il vous sera utile.

LA POSE EN AVAL

Compensez l'inclinaison du terrain en fléchissant le genou droit. Il s'agit de rendre la ligne de vos hanches et celle de vos épaules le plus horizontale possible.

Efforcez-vous d'exécuter votre élan normalement, en faisant particulièrement attention à ce que la tête du bâton n'accroche pas le sol lors des élans ascendant et descendant. Pour augmenter vos chances de frapper la balle avant de toucher le sol, placez-la un peu plus à l'arrière que d'habitude lors de la visée. Efforcez-vous de garder le menton haut, sinon vous mordrez trop le terrain.

L'angle d'inclinaison de la pente favorise le déplacement rapide du poids sur le pied gauche durant l'élan descendant, ce qui fait voler la balle de gauche à droite. Plus l'inclinaison sera forte, plus la balle déviera.

Cet angle d'inclinaison affecte aussi la hauteur et la direction du coup. Il tend à réduire l'angle de la face du bâton. Ainsi, le fer n° 5 pourrait bien avoir un angle de face efficace comparable à celui du fer n° 4, voire du fer n° 3. Plus l'angle de la pente est prononcé, plus l'angle de face efficace diminue. Ainsi, quel que soit le bâton que vous choisissiez, la balle volera plus bas et sur une plus longue distance qu'en terrain plat.

Dans les pentes descendantes faibles, n'utilisez que les bois d'allée à angle de face faible, comme les bois n° 3 et n° 4, ainsi que les fers longs. Les pentes descendantes plus accentuées exigent un bois ou un fer dont l'angle de face est suffisamment ouvert pour faire monter la balle dans les airs.

Dans le cas d'une pose en aval,
compensez l'inclinaison de la pente
en fléchissant le genou droit plus
que d'habitude.

Prenez garde de ne pas accrocher
le sol avec la tête du bâton durant
l'élan ascendant et l'élan
descendant.

Efforcez-vous de maintenir votre corps assez bas et d'étirer les bras de sorte que le bâton soit bas lors de l'impact et peu après.

L'inclinaison de la pente favorise le déplacement rapide du poids sur la jambe gauche durant l'élan descendant, ce qui retarde la détente des mains et entraîne une déviation de la balle de gauche à droite.

14
Les difficultés du parcours

Ce que le golfeur moyen redoute le plus, c'est d'enterrer sa balle dans une fosse de sable, de la perdre dans les hautes herbes ou de l'envoyer au fond d'une pièce d'eau. Tôt ou tard, même si vous êtes un excellent joueur, vous connaîtrez ce genre d'ennuis sur le terrain. Tout le monde y a droit.

La différence entre ceux qui savent bien se «sortir du trou» et les autres, c'est que les premiers ont pris le temps d'apprendre certaines techniques, alors que les autres ne les ont même jamais considérées. Les bons joueurs acceptent ces situations difficiles, car ils savent qu'elles font partie du jeu et que rechigner n'avance à rien.

Tous les joueurs gagneraient à adopter l'attitude positive des bons golfeurs. Ne vous plaignez pas sans cesse de votre malchance. Considérez plutôt la difficulté comme un défi et concentrez votre énergie sur l'exécution d'un bon coup de rattrapage.

Le jeu pourrait devenir un peu ennuyeux si aucune difficulté ne venait y mettre du piquant. Certains pensent sans doute en ce moment qu'ils s'accommoderaient aisément de cet ennui. Mais, en ce qui me concerne, j'ai toujours trouvé gratifiant de me sortir d'une situation difficile. Si vous adoptez l'attitude qui convient, ces défis deviendront presque un plaisir.

Dans le présent chapitre, je parlerai de certaines des situations difficiles les plus fréquentes sur le parcours, ainsi que d'une ou deux situations plutôt rares, mais qu'il est utile de connaître. Prenez note des techniques déployées et consacrez un peu de temps à les appliquer. Ainsi, vous trouverez les difficultés futures beaucoup plus aisées à surmonter.

Les membres du Laurel Valley Golf Club de Ligonier, en Pennsylvanie, commandèrent ce portrait à Paul C. Burns. Je porte le veston à l'insigne du club. Ce tableau, accroché dans le chalet de Laurel Valley, me fut présenté à l'occasion de mon cinquantième anniversaire de naissance.

Ma mère prit cette photo de moi en 1936, au sixième tertre de départ du Latrobe Country Club. Plus tard, cette photo servit à une annonce publicitaire.

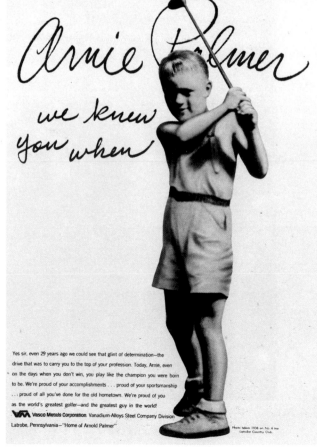

Arnie Palmer

we knew you when

Yes sir, even 29 years ago we could see that glint of determination—the drive that was to carry you to the top of your profession. Today, Arnie, even on the days when you don't win, you play like the champion you were born to be. We're proud of your accomplishments . . . proud of your sportsmanship . . . proud of all you've done for the old hometown. We're proud of you as the world's greatest golfer—and the greatest guy in the world!

VM Vasco Metals Corporation Vanadium-Alloys Steel Company Division
Latrobe, Pennsylvania—"Home of Arnold Palmer"

Photo taken 1936 on No. 6 tee Latrobe Country Club.

Cette photo de famille fut prise à Pittsburgh, à l'occasion d'un dîner en l'honneur de l'athlète de la décennie que je fus en 1969. Debout: moi, mon frère, Jerry, et mon père, Deacon. Assises: ma femme, Winnie, et ma mère, Doris. Mes deux sœurs, Lois Jean et Sandy, étaient absentes.

Ici, je reçois des mains de Ronald Reagan, alors gouverneur de Californie, le trophée du Bob Hope Desert Classic de 1968. Autour de moi, sur le dix-huitième vert du Bermuda Dunes Country Club, se tiennent les membres du comité exécutif du tournoi, ainsi que l'ancien président des États-Unis, Dwight D. Eisenhower.

Cette photo publicitaire regroupe les trois golfeurs les plus célèbres de l'époque (moi-même, Jack Nicklaus et Gary Player). Elle fut prise pour le Florida Citrus Open de 1966, disputé au Rio Pinar Country Club d'Orlando.

Cette photo des célèbres amateurs de golf (de gauche à droite) Bob Hope, Lawrence Welk, Lindsay Nelson, Joe DiMaggio et Ralph Kiner fut prise à Palm Springs, au milieu des années soixante.

Avec Andy Williams, à Palm Springs.

Chuck Connors, la très «grande» vedette de la télévision, discute avec moi des nuances du jeu.

Portrait: (de gauche à droite) Ben Hogan, Byron Nelson, moi-même et Sam Snead.

Le magazine Golf Digest fit réaliser cette plaque souli-gnant mes réussites au cours de l'année 1960.

Je reçus ce trophée pour avoir remporté le U.S. Open de 1960, grâce à un dernier tour de 65, au Cherry Hills Country Club, à Denver, dans le Colorado.

Cette peinture qui illustre un moment de triomphe à l'omnium de 1960 me fut offerte par les membres du Cherry Hills Country Club.

O.J. Simpson et moi posons en tenue de soirée pour une photo publicitaire.

En conversation avec Bob Hope, au cours d'un dîner.

En compagnie de Goofy, je fis la promotion du Walt Disney World Golf Classic de 1972.

C'est Hank Ketcham, créateur de Denis la Petite Peste, qui esquissa ce dessin, aujourd'hui accroché à la porte de mon bureau.

Uncle Fred Brand says you play goff real GOOD, Arn!

XXX from Dennis

..and his poor ol' Dad—
Hank Ketcham

Je suis fier de ma grande collection de fers-droits.

Cette photo fut prise dans l'allée du Congressional Country Club, à Washington, D.C.

Don Moss, du magazine Sports Illustrated, *exécuta cette illustration originale.*

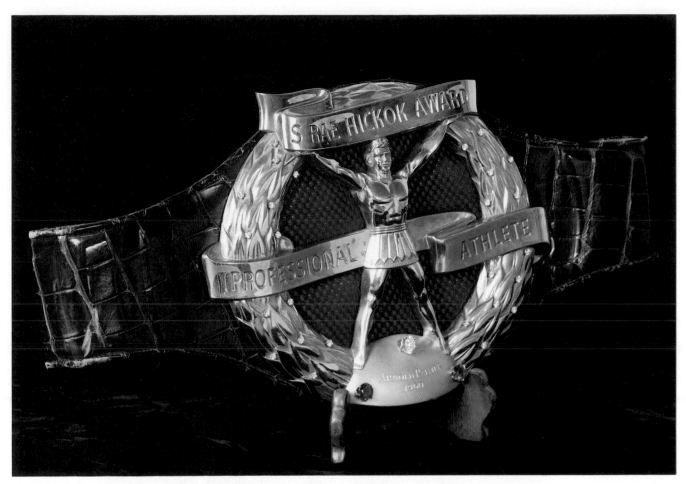

Cette ceinture sertie de pierres, que je reçus avec
le prix Hickok, en tant qu'athlète de l'année 1960,
est exposée au Latrobe Country Club.

THE WHITE HOUSE
WASHINGTON

December 11, 1969

Dear Arnie:

Only the truly great champions

ever come back. Congratulations!

With warm personal regards,

Sincerely,

Mr. Arnold Palmer
P. O. Box 52
Youngstown, Pennsylvania 15696

Le président des États-Unis, Richard Nixon, me fit
parvenir en 1969 cette note de félicitation à
l'occasion de mes deux victoires consécutives
(Heritage Classic et Danny Thomas Diplomat
Classic) qui mirent fin à une année de défaites.

En 1983, peu après avoir remporté le P.G.A. Seniors Championship, au club de golf P.G.A. National de Palm Beach Gardens, en Floride.

La photo officielle du dîner du Masters Champions Club, en 1984. Assis (de gauche à droite): George Archer, Doug Ford, Seve Ballesteros, Gene Sarazen, Sam Snead, Billy Casper. Debout, derrière eux: Herman Kaiser, Henry Picard, Jack Burke Jr., moi-même, Jack Nicklaus, Bob Goalby, Hord W. Hardin, Gay Brewer Jr., Art Wall Jr., Claude Harmon. Debout, au fond: Tommy Aaron, Charles Coody, Craig Stadler, Gary Player, Tom Watson, Fuzzy Zoeller, Ray Floyd.

Un moment de tranquillité dans mon bureau de Latrobe.

DANS LA FOSSE DE SABLE

Le coup d'explosion depuis une fosse adjacente au vert

On entend dire un peu partout que le coup d'explosion dans la fosse de sable est le coup le plus facile au golf. Voilà qui peut rendre le joueur novice encore plus nerveux dans une fosse. Il se dit: «Si ce coup est à ce point facile, il n'est pas question de le rater comme mon dernier coup.»

En général, il laisse alors la peur l'emporter sur son bon sens et ruiner sa concentration. Se hâtant d'en finir avec ce coup, il le rate.

La plupart des amateurs jouent mal dans les fosses parce qu'ils ne comprennent pas plus le coup qu'ils doivent jouer qu'ils ne s'y sont entraînés. S'il s'agit d'un joueur moyen, il est probable que la dernière fois qu'il a exécuté un coup dans le sable il était sur un parcours et s'était retrouvé par hasard dans la fosse. Or, on ne peut échapper à l'entraînement: pour bien jouer dans la fosse, il faut s'exercer.

Pour jouer un coup d'explosion normal dans une fosse de sable adjacente au vert, il faut se servir du cocheur de sable et prendre une position ouverte avec un écartement réduit des pieds; la position est si ouverte que le corps fait presque face à la cible. Enfoncez bien les pieds dans le sable pour être stable. La balle étant ainsi un peu plus élevée que vos pieds, serrez bien le manche du bâton pour compenser. La balle se trouvant face à votre talon gauche, ouvrez la face du cocheur de sable. Rappelez-vous qu'il ne faut pas que la tête du bâton touche le sable, sauf lors de l'impact: cela vous vaudrait une pénalité d'un coup. Efforcez-vous d'exécuter un élan uniforme et visez le sable *derrière* la balle. Veillez à faire un bon prolongé. Gardez la face du bâton ouverte lors de l'impact et après. Ne laissez pas la main droite rouler par-dessus la gauche. Ce coup faisant surtout appel au mouvement des bras et des mains, gardez immobile la moitié inférieure du corps. La tête doit également rester immobile.

Contrôlez la hauteur de la trajectoire en faisant varier le degré d'ouverture de la face du bâton. Plus vous l'ouvrirez, plus la balle volera haut et atterrira en douceur, et vice versa.

En fait, lors d'un coup d'explosion, le bâton ne frappe pas vraiment la balle, mais plutôt l'aire de sable sur laquelle elle repose. Votre balle ne rebondira pas sur la face du bâton comme c'est le cas dans les coups normaux. Elle sera projetée plus doucement, par rapport à la force de l'élan. C'est pourquoi il vous faut frapper un peu plus fort pour obtenir la même dis-

Pour jouer un coup d'explosion normal, prenez une position extrêmement ouverte avec un écartement des pieds réduit. La balle est posée face à votre talon gauche, et vous ouvrez la face du cocheur de sable.

Exécutez un élan ascendant uniforme, bras et mains se déplaçant vivement, alors que le reste du corps reste immobile.

Frappez le sable juste derrière la balle. Maintenez l'ouverture de la face lors de l'impact et après, en veillant à exécuter correctement le prolongé.

LE MEILLEUR COUP DE GARY PLAYER DANS LE SABLE

Je présume que Gary Player n'oubliera jamais le coup dans le sable qu'il a joué au soixante-douzième trou du tournoi des Maîtres de 1961, disputé au Augusta National Golf Club, à Augusta, en Géorgie. L'«homme en noir» avait une avance de quatre coups sur moi au début du dernier tour et avait réussi une marque de 34 à l'aller. Au retour, il eut quelques difficultés. Un bogey au dixième trou fut suivi d'un double bogey au treizième et d'un autre bogey au quinzième. Au dix-huitième trou, Gary plaça sa balle dans la fosse de sable droite, mais réussit à la faire voler à 2 m du trou et à la faire rouler dans la coupe: deux coups au-dessus de la normale, marque de 74, total de 280. Il me confia plus tard qu'à ce moment-là il avait cru le tournoi perdu pour lui.

Les problèmes de Gary m'avaient permis de le devancer d'un coup, jusqu'au dernier trou. Après une bonne décoche au dix-huitième trou, mes amis vinrent me féliciter. Je ne pouvais plus manquer le reste du trou. Tout ce qu'il me fallait pour gagner, c'était quatre coups, donc la normale; pour arriver ex æquo, je pouvais me permettre cinq coups. Ces pensées en tête, je pris mon fer n° 7 et visai le vert. Ma balle atterrit dans la même fosse de sable que la balle de Gary un peu plus tôt dans la partie. Un coup d'explosion la ramena sur le vert, mais elle roula à 5 m au-delà de la coupe. Je ratai ensuite le coup roulé qui m'aurait valu l'égalité avec Gary et marquai finalement un double bogey.

J'avais commis l'erreur fatale d'anticiper la victoire et ruiné ma concentration. Rétrospectivement, compte tenu des difficultés de Gary Player au retour, on peut dire que ce fut un beau coup qu'il frappa dans la fosse ce jour-là.

tance de vol, car vous devez faire voler non seulement la balle, mais aussi son petit coussin de sable.

N'essayez pas toutefois d'exagérer la puissance du coup. Laissez faire le bâton. Gardez votre élan descendant uniforme, en veillant à ce que la tête du bâton accélère. Le rythme doit ressembler à celui qui marque le lancer de revers d'une balle. Ici, toute décélération élimine vos chances de faire sortir correctement la balle de la fosse.

Les textures du sable

C'est la texture du sable qui vous permettra de déterminer le bâton à utiliser. Vous pouvez vous faire une idée de cette texture au moment où vous enfoncez vos pieds dans le sable pour jouer le coup.

Le sable est la plupart du temps assez léger et aéré. Par conséquent, on choisira généralement le cocheur de sable si la pose est normale. Son large rebord (le bas de la tête) l'empêche de s'enfoncer trop profondément dans le sable. Il se déplace juste sous la surface du sable, faisant exploser le coussin sur lequel la balle repose — et la balle du même coup.

Si la texture est ferme, parce que le sable est naturellement grossier ou parce qu'il est mouillé, il ne convient pas d'utiliser le cocheur de sable, parce que le rebord de la tête pourrait rebondir sur la surface dure et frapper la balle en sa ligne d'équateur, ce qui entraînerait une balle forte dont la trajectoire serait basse.

Dans ce cas, il faut recourir au cocheur d'allée. Son rebord est plus petit et plus effilé, de sorte qu'il pénètre dans le sable dur plutôt que de rebondir. Employez la même technique qu'avec le cocheur de sable.

Le coup d'explosion long

Pour exécuter un coup d'explosion long, disons de 30 à 35 m, vous devez prendre une position un peu moins ouverte que pour le coup d'explosion ordinaire et écarter un peu plus les pieds. Que la balle soit placée face au milieu de la ligne reliant vos pieds ou un peu vers l'arrière, vous devez la frapper en ayant les mains légèrement devant elle. Enfoncez bien les pieds dans le sable pour pouvoir garder votre équilibre durant l'élan plus vigoureux que vous aurez à exécuter.

La différence principale entre le coup d'exposion long et le coup d'explosion normal, c'est le degré d'ouverture de la face du bâton, dont dépendra la distance parcourue par la balle. Il importe aussi que les élans ascendant et descendant soient moins profonds, de façon que la tête du bâton ne pénètre pas trop profondément dans le sable et que la balle soit projetée plus vers l'avant.

Pour le coup d'explosion long, augmentez l'écartement des pieds et
réduisez l'ouverture de la position.
La balle est située vers le milieu de
l'écartement ou un peu vers
l'arrière. N'ouvrez la face que
légèrement.

Exécutez un élan ascendant et un
élan descendant moins profonds de
sorte que la tête ne pénètre pas
trop dans le sable et que la balle
vole moins haut.

Faites accélérer la tête du bâton durant le coup, en veillant à exécuter un bon prolongé, pour que la balle monte bien et sorte de la fosse.

Comme toujours, gardez la tête fléchie et immobile, et ne la soulevez qu'après l'impact.

La balle enfouie dans le sable

Une balle enfouie à demi ou plus dans le sable, ce n'est pas drôle. L'objectif principal, dans un cas comme celui-ci, c'est de placer la balle quelque part sur le vert. Si elle atterrit près de la coupe, c'est parfait car il s'agit ici de l'un des coups les plus difficiles au golf.

Pour jouer une balle enfouie, recourez au cocheur d'allée. Prenez une position légèrement ouverte, fermez la face du bâton et exécutez un élan vertical: élevez rapidement le bâton

Pour faire sortir du sable une balle enfouie, utilisez un cocheur d'allée, plutôt qu'un cocheur de sable, parce que le bord de la face en est plus effilé. Prenez une position légèrement ouverte avec un écartement des pieds réduit.
La balle se trouvera face au talon gauche.
Fermez la tête du bâton.

avec les mains et les poignets, puis ramenez-le vers le bas avec force, à peu près 3 cm derrière la balle. La tête du bâton devra trancher le sable pour passer ensuite sous la balle et la faire jaillir de son trou.

Concentrez votre attention sur le prolongé, même s'il risque fort d'être assez limité, en raison de la profondeur à laquelle vous avez dû descendre. Le fait de penser à exécuter un prolongé vous force à faire accélérer la tête du bâton dans le sable, ce qui est essentiel à la réussite du coup.

Élevez vigoureusement le bâton lors de l'élan ascendant, avec les mains et les poignets.

Redescendez énergiquement le bâton, pour frapper fortement le sable à environ 3 cm derrière la balle. Le fait de fermer la face permet à son bord avant de trancher dans le sable et de glisser sous la balle.

Le coup dans la fosse de sable d'allée

Le coup dans les fosses de sable d'allée n'est pas aussi difficile qu'il paraît.

Idéalement, votre coup devrait mener la balle sur le vert, ou, à défaut, le plus loin possible dans l'allée. Avant de

Dans une fosse d'allée, prenez une position ouverte, en enfonçant bien les pieds dans le sable pour assurer votre équilibre. La balle sera placée un peu plus vers l'arrière que d'habitude, les mains seront bien en avant de la balle et la tête du bâton sera perpendiculaire à la ligne de visée.

Vous pouvez également vous permettre d'exécuter un élan aux trois quarts pour mieux contrôler le coup.

prendre une décision quant au type de coup que vous allez jouer, examinez la pose de la balle, ainsi que la position du rebord de la fosse, pour évaluer les chances de réussite du coup. Il se peut que vous ayez à vous contenter de moins.

Exécutez un élan bas, «balayant», qui ne rase le sable qu'après l'impact.

Grâce au prolongé, la balle sortira du sable de manière franche.

La balle peut être à demi enfouie ou, pire, tout à fait enterrée. Logiquement, vous ne devriez pas pouvoir la faire voler très loin. Prenez donc le cocheur d'allée et efforcez-vous de faire sortir la balle de la fosse et de lui donner une pose dans l'allée qui facilitera votre prochain coup.

Quand bien même la pose de la balle dans la fosse serait bonne, n'oubliez pas d'évaluer la hauteur du rebord de la fosse. Le bâton que vous choisirez doit pouvoir faire monter la balle suffisamment haut pour qu'elle n'accroche pas le rebord de la fosse, même si vous devez pour cela sacrifier un peu de distance.

Pour jouer une balle en pose normale dans la fosse d'allée, plantez bien les pieds dans le sable pour assurer votre équilibre, essentiel à l'élan. Prenez une position légèrement ouverte. La balle est située un peu derrière, les mains sont placées en avant de la balle, et la tête du bâton est perpendiculaire à la ligne de visée.

Contrairement au coup d'explosion, ce coup exige que vous frappiez la balle avant le sable. Si du sable empêchait le contact direct de la tête du bâton sur la balle, vous rateriez votre coup. Sachant cela, efforcez-vous de garder la tête bien immobile en exécutant un amorcé et un élan descendant très peu profonds, pour balayer la balle et la faire sortir de la fosse.

Puisque le contrôle de la tête du bâton est très important dans ce coup, et la marge d'erreur fort réduite, vous préférerez peut-être exécuter un élan aux trois quarts seulement.

On me demande souvent s'il convient d'utiliser un bois dans les fosses d'allée. Je pense que oui, pourvu que la pose de la balle soit nette et que le rebord de la fosse soit suffisamment bas pour que la balle puisse passer facilement par-dessus. N'hésitez donc pas à utiliser un bois. Rappelez-vous cependant que, comme pour tous les coups dans une fosse de sable d'allée, vous devez prendre une position ouverte à la visée et frapper la balle d'abord.

DANS LES HAUTES HERBES

La difficulté la plus courante sur un parcours, c'est de faire sortir la balle des herbes hautes qui bordent les allées et certains verts. Sur la plupart des parcours, ces herbes sont coupées à différentes hauteurs. Généralement, plus vous vous éloignez de l'allée, plus l'herbe est haute. Vous devez donc apprendre les différentes manières de sortir la balle des herbes, selon que celles-ci sont courtes ou hautes, clairsemées ou abondantes.

L'herbe clairsemée

Si la balle est posée au milieu d'herbes clairsemées, vous n'éprouverez généralement pas trop de difficulté à la frapper. Toutefois, toute herbe qui empêchera le contact direct de la face du bâton sur la balle réduira considérablement l'effet de rotation que connaîtrait la balle si elle se trouvait en pose normale. Vous devez donc prévoir que la balle roulera plus longtemps que si elle partait d'une bonne pose.

Pour les coups longs à partir d'herbes clairsemées, évitez d'utiliser les fers longs. Employez plutôt un bois d'allée bien ouvert, comme le bois n° 4 ou le bois n° 5. La grosse tête des bois a tendance à écarter les brins d'herbe et à glisser entre ceux-ci, alors que les fers longs se prennent généralement dans l'herbe, ce qui fait qu'il est difficile d'arriver à la balle.

UN COUP CRUCIAL DANS DES HERBES HAUTES ET MOUILLÉES

Au British Open de 1961, disputé au Royal Birkdale, en Angleterre, je menais alors qu'il ne me restait que quelques trous à jouer. J'essayais de ne pas me laisser battre par l'excellent golfeur gallois Dai Rees, qui jouait fort bien.

Alors que je jouais mon coup de départ au quinzième trou à normale 4, les forts vents qui avaient soufflé toute la semaine firent dévier ma balle et la firent atterrir dans les herbes hautes, à droite de l'allée.

Je trouvai ma balle sous de hautes herbes entremêlées et mouillées à la suite d'une légère pluie. Je n'avais, me sembla-t-il, d'autre recours que d'accepter les limites que m'imposait la pose et d'essayer de ramener la balle dans l'allée avec le cocheur. Je savais que je risquais de marquer un bogey, ce qui permettrait à Rees de me rattraper et de me dépasser.

Je pris mon fer n° 6 et visai le vert plutôt que de jouer la prudence. Je frappai la balle de toutes mes forces, sachant que c'était nécessaire si je voulais qu'elle décolle et qu'elle ne tombe pas dans un endroit pire encore. La tête du bâton trancha dans l'herbe et la fit voler en direction du vert, en arrachant une motte de gazon de 30 cm de longueur. Après deux coups roulés, j'atteignais la normale, ce qui, un peu plus tard, allait me permettre de battre Rees par un coup et de remporter le championnat.

L'herbe dense

Quand la balle est posée dans un endroit où l'herbe est dense ou haute, vous devez vous résigner: votre marge de manœuvre est des plus limitées.

La force de vos mains constitue ici votre meilleur atout; car vous devrez lancer le bâton avec puissance à travers les herbes épaisses.

Pour jouer ce coup, prenez un fer et fermez-en la tête pour qu'il tranche mieux dans les herbes. Serrez le manche fermement. Votre position à la visée est normale.

Lorsque l'herbe est dense, prenez la position normale — légèrement ouverte, la balle face au talon gauche, les mains légèrement devant la balle et la tête du bâton un peu fermée.

Exécutez un élan ascendant droit, en maintenant la position fermée. Descendez ensuite le bâton de toutes vos forces en gardant la tête immobile, bien entendu. Au moment de l'impact, les herbes forceront la tête du bâton à s'aligner. Veillez à ce que votre prolongé soit suffisamment solide pour libérer la balle.

Les herbes extrêmement hautes peuvent nécessiter l'emploi du cocheur d'allée ou du fer n° 9, puisque la combinaison d'un élan incliné et d'une tête de bâton à bord effilé est le seul moyen de frapper la balle sans risque. Dans ces cas-là, il vous faut accepter votre sort et vous efforcer de remettre la balle dans l'allée.

Durant l'élan ascendant, faites monter le bâton tout droit, en maintenant la fermeture de la face.

Ramenez le bâton aussi fort que vous le pouvez durant l'élan descendant, en vous efforçant de garder votre tête immobile.

Pour que le contact soit plus franc, efforcez-vous de rester incliné lors de l'impact et tout de suite après.

Un bon prolongé est essentiel pour que la balle sorte de l'herbe dense.

LE SOL DURCI

Il vous arrivera forcément de devoir jouer sur un sol sans gazon, cuit et durci par le soleil, surtout dans les pays où le climat est chaud.

La manière de jouer ce coup ressemble fort à celle qui est conseillée pour les fosses de sable en allée. Il faut frapper la balle en premier lieu, et pour ce faire on doit exécuter un élan qui produise un mouvement de balayage.

Sur un sol durci, prenez une position normale, mais placez-vous de manière que la balle soit un peu plus en arrière que d'habitude. Quant à vos mains, elles devront être bien en avant de la balle.

Exécutez un élan ascendant lent et peu profond, en gardant bien la tête immobile.

Pour vous faciliter la tâche, prenez une position normale; la balle doit cependant se trouver un peu plus en arrière que d'habitude et les mains doivent être placées bien en avant de la balle. Gardez la tête immobile et exécutez résolument l'élan ascendant.

Il faut prévoir que la balle volera plus vite et plus bas que d'habitude.

Balayez la balle comme vous le feriez dans une fosse de sable d'allée, en veillant à frapper la balle en premier lieu.

Tenez compte du fait qu'elle volera plus vite et plus bas que d'habitude.

LE TROU DANS LE GAZON

Malheureusement, il vous arrivera de temps à autre, après avoir exécuté un bon décoché, de voir votre balle tomber dans un trou dans l'allée: quelqu'un aura arraché une motte de gazon et ne l'aura pas replacée. Voilà un coup de malchance difficile à avaler, mais faites de votre mieux.

Pour jouer ce coup, prenez une position normale, mais alignez ou fermez un peu la tête du bâton. Il s'agit ici de frapper en premier lieu la balle, très fort et dans un mouvement descendant, pour ensuite faire entrer la tête du bâton dans le gazon. Ne vous en faites pas si vous arrachez un peu de gazon, celui qui entretient le parcours ne vous en voudra pas.

Pour faciliter l'élan descendant puissant mais parfaitement contrôlé qui est nécessaire pour exécuter ce coup, concentrez votre attention sur l'élan ascendant: il doit être lent et déterminé et vos mains doivent prendre position en haut du mouvement, avant l'élan descendant.

La balle volera plus bas et roulera davantage que si vous partiez d'une pose normale.

Pour jouer une balle tombée dans un trou de gazon, prenez une position normale, mais alignez la tête du bâton ou fermez-la légèrement (dans les poses extrêmes).

Exécutez un élan ascendant lent et déterminé, en vous attachant à mettre les mains dans la bonne position en haut du mouvement, avant l'élan descendant.

Frappez la balle d'un coup sec et vertical, avant de frapper le gazon, dans un élan descendant puissant mais contrôlé.

Le fait d'avoir aligné la tête du bâton l'aide à pénétrer dans le gazon pour faire sortir la balle du trou.

*La balle volera plus bas que d'habitude
et roulera davantage après l'atterrissage.*

L'HERBE INTERPOSÉE

Dans l'allée, il arrive parfois que quelques brins d'herbe ou des feuilles de trèfle se trouvent entre la balle et la face du bâton. Tout obstacle qui empêche un contact parfaitement net de la face du bâton sur la balle réduit l'effet rétro du coup. Dans ce cas, la balle ne s'élève pas aussi haut que d'habitude: elle vole plus bas sur une plus longue distance et roule davantage après l'atterrissage.

Pour jouer un coup lorsque de l'herbe empêche le contact direct du bâton sur la balle, utilisez un bâton d'un numéro moins élevé que d'habitude. Prenez une position normale et fermez quelque peu la tête du bâton.

Exécutez un élan normal.

Pour ce type de pose, employez un bâton d'un numéro moins élevé que celui que vous prendriez normalement et fermez légèrement la face pour que son bord tranche dans l'herbe derrière la balle.

Fermez légèrement la face du bâton pour que le bord de celle-ci tranche dans les herbes qui se trouvent entre la balle et le bâton.

Comme l'effet rétro imprimé à la balle lors de l'impact est moindre, la balle aura tendance à voler plus bas et plus loin que d'habitude, et à rouler plus longuement après l'atterrissage.

LA POSE PERCHÉE

Il vous arrivera aussi de voir votre balle, non pas enfoncée, mais perchée sur de l'herbe haute.

Serrez bien le manche du bâton et tenez-vous un peu plus droit que d'habitude par rapport à la balle. Ainsi, la tête du bâton sera à peu près à la même hauteur que celle-ci.

Quand la balle est perchée sur des herbes, serrez bien le manche et tenez-vous un peu plus droit que d'habitude par rapport à la balle. Prenez soin de ne rien déranger autour de la balle avec la tête du bâton: cela pourrait la faire tomber de son socle.

Effectuez un amorcé bas et un élan ascendant bien maîtrisé, en évitant tout mouvement arrière ou avant de votre tête.

Prenez soin de ne rien déranger autour de la balle pendant que vous prenez position lors de la visée. Elle pourrait tomber de son socle et vous coûter ainsi une pénalité d'un coup.

Maîtriser bien votre élan ascendant et gardez la tête immobile. Tout mouvement de l'arrière vers l'avant pourrait entraîner le passage de la tête du bâton sous la balle. Effectuez un amorcé bas et peu profond pour balayer la balle de plein fouet.

L'élan descendant doit suivre une trajectoire peu profonde de sorte que le bâton balaie la balle de plein fouet.

L'élan se termine sur un prolongé élevé.

LE COUP DE LA MAIN GAUCHE

Une autre situation difficile se présente de temps en temps: la balle a atterri près d'un arbre ou d'un obstacle similaire de sorte que vous ne pouvez prendre votre position de droitier habituelle.

Plutôt que de considérer la pose comme injouable, vous pouvez tenter le coup de la main gauche.

Pour ce faire, recourez à un bâton dont la face est plus large, comme le cocheur de sable ou d'allée, renversez-le de manière que l'extrémité de sa tête soit orientée vers le sol et prenez votre position à partir du côté opposé.

Ne vous préoccupez pas trop de la perfection de la prise, mais veillez à inverser la position des mains: la main gauche est placée plus bas sur le bâton que la droite. Faites plusieurs coups d'essai pour bien «sentir» le bâton dans vos mains, ainsi que l'élan à exécuter, en vous attachant à pousser vers l'arrière et à tirer le bâton avec la main droite.

La position de la balle par rapport à vous doit être celle qui vous met le plus à l'aise. Mais veillez à ce que la face du bâton soit bien perpendiculaire à la ligne de visée. Il s'agit ici de placer la face du bâton contre la balle et de la sortir de l'impasse, pas de souffler dessus. Gardez donc la tête *bien* immobile.

Le contact de la face du bâton sur la balle devrait être assez bon, ce qui, en fin de compte, est tout ce que vous êtes en droit d'espérer dans ce type de situation. Les coups de ce genre — faut-il le préciser? — devraient être répétés à l'entraînement, avant d'être tentés sur le parcours.

LES COUPS DANS L'EAU

Le coup d'explosion dans l'eau

Tout golfeur, un jour ou l'autre, envoie sa balle dans une pièce d'eau et la retrouve sur le bord, quelque peu immergée, apparemment injouable. Que faire? Essayer de s'épargner la pénalité d'un coup en risquant une marque encore plus élevée si la tentative de l'en sortir échoue?

Si cela vous arrive, je vous conseille d'analyser sérieusement la situation. En règle générale, si plus de la moitié de la balle est immergée, la prudence s'impose: vous avez avantage à choisir la pénalité d'un coup.

Si moins de la moitié de la balle est sous l'eau et si vous êtes en mesure de prendre une position convenable (même s'il

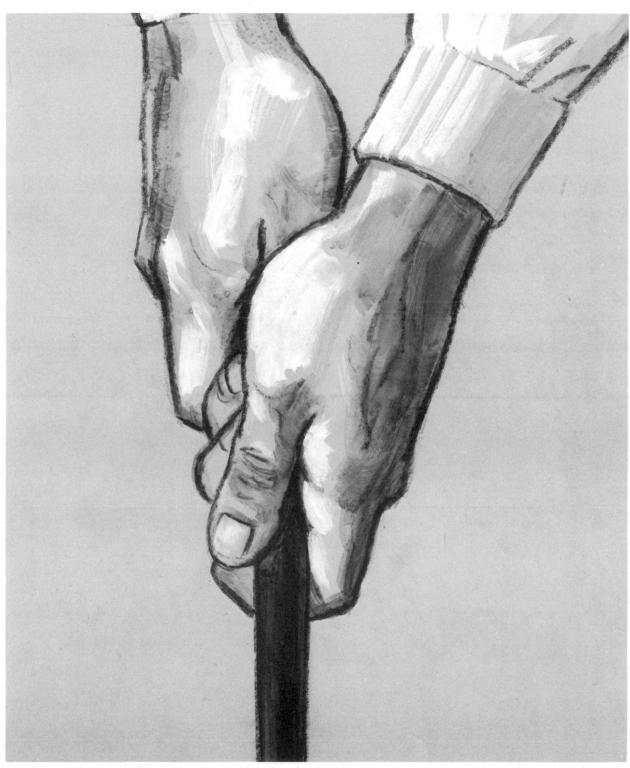

La prise de la main gauche.

Pour jouer un coup de la main gauche, employez un bâton dont la face est large, comme le cocheur de sable, renversez-le et prenez position du côté opposé. Veillez à ce que la face du bâton, derrière la balle, soit perpendiculaire à la ligne de visée.

Attachez-vous à bien garder la tête immobile et à pousser le bâton de la main droite durant l'élan ascendant.

Tirez le bâton vers la balle durant l'élan descendant, en faisant tout votre possible pour que le contact du bâton sur la balle soit solide.

vous faut pour cela enlever une chaussure ou les deux), peut-être devriez-vous tenter votre chance. Une fois votre décision prise, soyez sûr de vous. Rien n'est pire que de tenter de sauver un coup et de finir par en gaspiller plus encore à la suite d'un élan hésitant et de la décélération du bâton.

Si vous choisissez de tenter le coup, préparez-vous à le faire carrément et à voir l'eau voler. Faites preuve de prudence: revêtez votre imperméable. Ce coup est déjà une épreuve, pourquoi se faire tremper par surcroît?

Prenez le cocheur de sable et placez les mains bien en avant de la balle. Veillez à fermer la tête du bâton pour qu'elle ne glisse pas à la surface de l'eau mais y pénètre. Levez vivement le bâton sur un plan bien vertical, puis enfoncez la tête du bâton dans l'eau, environ 3 cm derrière la balle. L'angle de l'élan descendant doit être prononcé.

L'eau ralentira immédiatement la tête du bâton. Il faut donc que votre élan soit puissant et que le prolongé soit appuyé. Comme pour le coup d'explosion dans le sable, votre but est d'enlever le coussin d'eau sur lequel la balle repose, de sorte que celle-ci s'élève avec lui.

Les sauts sur l'eau

Le golfeur qui joue pour le plaisir aura peu l'occasion de pratiquer le coup que nous allons étudier; mais au cas où vous vous trouveriez en situation de le faire, voici comment forcer la balle à faire des petits sauts à la surface de l'eau, comme un galet y ricocherait.

Il s'agit de frapper la balle d'un coup très sec de sorte qu'elle vole bas, aussi horizontalement que possible, en parallèle avec la surface de l'eau, pour qu'elle y fasse plusieurs petits sauts avant d'atteindre la terre du côté opposé. Il faut que le coup soit très puissant, puisque chaque petit saut à la surface de l'eau ralentira considérablement la course de la balle.

Pour exécuter ce coup, il convient de se tenir en bordure de la pièce d'eau. Prenez un bâton dont l'ouverture est faible, comme un fer n° 3 ou n° 4, et jouez avec la balle un peu en arrière par rapport à votre position lors de la visée. Placez les mains devant la balle et ouvrez légèrement la tête du bâton. Votre élan ascendant devra être compact. Redescendez énergiquement vers l'arrière de la balle, en gardant les poignets fermes pour empêcher le bâton de se relâcher lors de l'impact.

Il *faut* empêcher les mains de tourner pour prévenir toute rotation de la balle qui la ferait plonger au fond de l'eau.

Bien entendu, les chances de réussite de ce coup sont minimes. Je ne le risquerais que si je jouais un match pour lequel

Pour jouer un coup dans l'eau, exécutez un élan ascendant vif et vertical, fendez l'eau environ 3 cm derrière la balle, puis effectuez un solide prolongé.

je n'aurais rien d'autre à perdre que ce trou particulier. Peut-être vous trouverez-vous également dans cette situation un jour; si des branches basses vous empêchaient de lober la balle suffisamment haut pour qu'elle atteigne un vert situé de l'autre côté d'une pièce d'eau, par exemple. Un coup massé ferait sûrement voler votre balle de l'autre côté du vert. Alors pourquoi ne pas tenter de lui faire faire des petits sauts sur l'eau?

Bonne chance, si vous choisissez de le faire!

Conclusion

MAINTENANT, À VOUS DE JOUER!

J'ai fait ma part. Je vous ai enseigné les cinq éléments de base de l'élan, ceux-là mêmes que mon père m'a appris: la prise, la position lors de la visée, l'amorcé en un seul mouvement, l'importance de l'immobilité de la tête durant l'élan et l'accélération du bâton lors de l'impact et tout de suite après.

Je vous ai montré comment jouer avec chaque bâton, comment jouer autour du vert et comment vous épargner des coups dans la zone de marque. Je vous ai aussi fait part des moyens à votre portée pour mettre au point les bons coups roulés et «lire» les verts.

Nous avons parlé de l'aspect mental du jeu et du développement de la stratégie qui vous convient. Nous avons examiné la prise des décisions qui entraînent de meilleures marques et le processus de visualisation des coups qui vous permet de mieux jouer tous les trous. Nous avons ensuite traité des coups: comment faire dévier la trajectoire de la balle de gauche à droite ou vice versa, comment se sortir des poses en pente et des difficultés de parcours. Nous avons vu tout cela.

Vous avez maintenant fini de lire la théorie et vous êtes prêt à jouer de l'excellent golf, n'est-ce pas?

Mais, l'êtes-vous vraiment?

N'oublions pas le chapitre portant sur l'entraînement. C'est là que vous en êtes maintenant que votre lecture est terminée. L'entraînement vous permettra de réaliser dans les faits les théories que vous avez apprises.

Vous pouvez réduire votre jeu de dix à quinze coups, comme je vous l'ai promis, *à condition* d'appliquer ce que votre esprit a saisi et de l'enseigner à votre corps.

Alors, allez-y. Je vous garantis que vous ne le regretterez pas.

Lexique

Termes utilisés dans ce livre et équivalents fréquemment employés.

Allée: *fairway.*

Amorcé: amorcer, amorce, *takeaway.*

Bâton: *club.*

Bombé: *pitch.*

Cadet: *caddie.*

Chalet: *clubhouse.*

Coché: *chip.*

Cocheur de sable: *sand wedge, wedge* de sable.

Cocheur d'allée: *pitching wedge, wedge* d'allée.

Coup adouci: *fade.*

Coup d'explosion: coup éjecté.

Coup massé: *punch shot.*

Coupe: le trou (à proprement parler, et non la distance du départ au vert).

Courbe: *draw.*

Crochet: *hook.*

Décoche: *drive.*

Décoché: coup de départ, décocher, *driving.*

Décocheur: *driver,* bois n° 1.

Effet rétro: *backspin.*

Élan: *swing.*

Empocher (la balle): mettre la balle dans le trou.

Faucher (la balle): traverser la balle.

Fer-droit: *pott, putter.*

Fosse de sable: trappe de sable, *bunker.*

Frappe: impact.

Herbes: *rough.*

Impact: frappe.

Marque: score.

Masser (la balle): frapper la balle de haut en bas.

Normale: par.

Omnium (tournoi «pro-amateurs»): *open.*

Plomber (la balle): *dropper* la balle.

Position alignée: *stance* carré.

Position des pieds: *stance*.

Prise: *grip*.

Prolongé: prolonger, dégagé, *follow through*.

Roulé: *putt*.

Té: tee.

Vert: *green*.

Visée: adresse, position initiale.

Vrille: éclisse, *slice*.

Table des matières

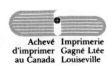

Achevé   Imprimerie
d'imprimer Gagné Ltée
au Canada Louiseville